# 바람의 얘기들

시조사랑시인선 06

김흥열 시조선집

# 바람의 얘기들

열린출판

김흥열 약력
호: 南峴, 또는 中石
(사)한국시조협회 이사장 역임
現, (사)한국시조협회 명예 이사장
現, (사)한국문인협회, (사)한국시조문학진흥회, 여강문학회 회원
송파 시조교실, 신한동우회 시조 강사
시조집:『쉼표의 유혹』외 5
시집:『어제는 꽃비가』외 2
수필집:『어머니의 종교』외 2
연구서:『현대시조 연구』,『현대시조 창작법』외
수상: (사)한국시조협회 문학상 외

# 바람의 얘기들

1판 1쇄 발행  2020년 5월 20일

지은이 | 김흥열
펴낸곳 | 열린출판
등록 | 제 307-2019-14호
주소 | 서울특별시 성북구 솔샘로25길 28, 114동 903호
전화 | 02-6953-0442
팩스 | 02-6455-5795
전자우편 | open2019@daum.net
디자인 | SEED디자인
인쇄 | 삼양프로세스

ⓒ 김흥열, 2020

ISBN 979-11-970404-0-5   03810

*책값은 뒤표지에 표시되어 있습니다.
*저자와 협의하여 인지를 생략합니다.

이 도서의 국립중앙도서관 출판예정도서목록(CIP)은
서지정보유통지원시스템 홈페이지(http://seoji.nl.go.kr)와
국가자료종합목록시스템(http://www.nl.go.kr/kolisnet)에서
이용하실 수 있습니다. (CIP제어번호 : CIP2020017950)

■ 시조선집을 내면서


바람처럼 왔다가 바람처럼 가는 게 인생이라지만 올봄은 너무 아프다. 난데없는 코로나19에 온 나라가 매몰되고 소중한 목숨을 강탈당한 가슴 아픈 봄이었다. 하지만, 어느 간호사의 감동적인 말 한마디에 우리는 희망의 씨를 발견하기도, 한 줄기 빛을 보기도 했다.

삶은 바람이다. 나에게는 그렇다.

그동안 몇 권의 시조집을 냈지만 역시 부족하고 아쉬움 속에 좀 더 가슴에 닿는 시조를 지으려 해도 역시 재능이 모자람을 인정하지 않을 수 없다.
선후배님들의 가슴 찡한 작품을 접할 때마다 나는 언제나 저런 작품을 써보나 하는 아쉬움과 조급함 속에서 창작해온 것도 솔직한 고백이다.
이번 작품집의 목차를 보면 부제목이 모두 '바람'으로 시작되고 있다. 제1부 "바람의 향기"만 신작이고 2부에서 6부까지는 이미 출간된 책의 이름을 '바람'이라는 말에 덧붙여 새롭게 조어를 한 것뿐이다. 빈말이나 다름없어도 저의 삶에 대한 철학이라 생각하시고 너그럽게 이해해 주시기 바란다.

  부끄러움을 무릅쓰고 용기를 내어 존경하는 독자에게 민낯을 드러내 보이는 것이 한편 행복하고 또 한편으로는 두렵기도 하다, 여러분의 깊은 혜량을 기대한다.

2020. 봄<br>冠岳山 南峴齊에서

■ 차례

■ 시조선집을 내면서 __ 5

### 제1부 바람의 향기

바람의 향기 15
길상사에서 16
세탁소 주인 17
고산(孤山) 유감(遺憾) 18
동목(冬木)의 절규 19
허상 20
가을 관악산 21
단풍 22
광화문에서 23
염전 노예 24
평창 올림픽 25
사월의 눈(目) 26
판문점의 봄 27
이인삼각(二人三脚) 경기
(競技) 28
판문점의 가을 29
판문점의 겨울 30
경자년 원단 31

지하철 광경 32
떠돌이 새 33
묵화 치기 34
우수에 35
봄이 부끄럽다 36
나이팅게일 37
대구의 봄 38
봄의 여신 39
4월을 맞으며 40
4월 어시장 41
눈 오는 날의 향수 42
낙엽 43
단양에서 44
덕구 계곡에서 45
창을 열면 46
망백(望百) 반가상(半跏像) 47
소한(小寒)의 제주방문기 48
봄은 왔는데 49

꽃샘바람 50
요지경 세상 51
방황 52
개성공단 53
신륵사의 밤 54
흑산도 집에서 55
허세 56
차와 막사발 57

우수(雨水)에 오는 눈 58
현장에서 59
길을 가다가 60
3.1절에 61
콩을 까면서 62
어느 의사 63
고해성사 64
부활절 아침에 65

## 제2부 바람이 피운 들꽃

바람이 피운 들꽃 69
흙수저 70
독거노인 71
고물상의 초상 72
통일 피아노 73
충주 미륵사지 74
오월 뻐꾸기 75
대물림 76
우거에서 77
사후약방문 78
폐지 줍는 할머니 79
아내에게 쓰는 편지 80
노점 할머니 81
대나무의 변 82
대나무·2 83

왕산에서 84
봄꿈 85
할머니 보법 86
적벽대전 87
정형 시조 88
해탈 89
버림받은 흑진주 90
음지의 눈물 91
연밭에 부는 바람 92
배추를 절이며 93
작설차를 마시며 94
월하예당에서·1 95
월하예당에서·2 96
국립묘지에서·1 97
월악산 마애불 98

하롱베이 99
구직 100
만월대의 봄 101
낙일(落日)에 102
불멸 103
팽목항에서 104
생불 105
만덕산 토굴 106
휴전선 107
복원 관악사지 108
경희궁의 봄 109
대립 110

수구초심(首丘初心) 111
샀꾼의 아침 112
바다 이야기 113
애기봉 114
정유년의 봄 115
열두 마디 116
고궁 박물관에서 117
병사의 일기 118
태풍 경보 119
여신의 변심 120
춘투 121

## 제3부 바람의 쉼터

바람의 쉼터 125
피에타 126
우포늪 가시연꽃 127
에밀레종 128
벼슬나리꽃 129
사모곡 130
산사의 봄 131
바위틈에 핀 철쭉 132
역사의 오류 133
감 가게에서 134
서울 지하도에서 135

고려청자 136
한식 무렵 137
그릇 키우기 138
행간 읽기 139
반가사유상 140
섬 노래 141
겨울왕국 142
봄나물·1 143
오두산 전망대에서 144
제국의 겨울 145
어느 해녀 146

계사년의 봄 147
탄광촌에 피는 꽃 148
질경이의 삶 149
봄나물·2 150
둥지 151
영광굴비 152
이산가족 상봉을 보며 153
무료급식소에서 154
백 원의 성찬 155
고성 전망대에서 156

명예퇴직 157
하늘 공원 158
이포보에서 159
상심 160
아랍의 봄 161
비무장 지대 162
도문에서 163
어느 초상화 164
산 벚꽃 165

## 제4부 바람의 아침

바람의 아침 169
폭우 170
바위를 보며 171
포장마차 172
길상사에서 173
구제역 돌던 날 174
뻥튀기 175
야망의 계절 176
소금 177
은퇴 178
향수 179
가을 180
독거노인·2 181

가랑잎 182
어버이날에·2 183
신륵사의 밤·2 184
들꽃 얘기 185
요덕스토리를 보고 186
바위 절벽의 소나무 187
철없는 장미 188
가을이 쓰는 편지 189
정원(庭園) 솔(松) 190
성냥개비 191
세한도 192
증언 193
기적 194

요지경(瑤池鏡) 195
지하철에서 196
원숭이 연극 197
가창오리 항변 198
마애불 199

통일전망대의 봄 200
국립묘지에서 201
수종사에서 202
부칠 수 없는 편지 203
유달산 204

## 제5부 바람의 노래

바람의 노래 207
분재 208
혈육 209
쥐불놀이 210
영변의 봄 211
진달래 212
덕주사에서 213
담쟁이 214
오월 215
참 숯 216
부채 217
폐선 218
철새 도래지 219
간 고등어 220
미륵사지에서 221
사모 222
고택에서 223
어느 가을 날 224

한파 225
창의사에서 226
욕심·2 227
간교(奸巧) 228
반구정에서 229
매미 230
낙조 231
신발 단상 232
꼴뚜기 233
청문회와 기상 특보 234
가짜 235
바위 236
요즘 철새 237
꽃집에서 238
무명초 239
청죽(靑竹) 240
김장하기 241

## 제6부 바람의 시간

바람의 시간 245
백담사의 가을 246
용문사에서 247
신륵사에서·1 248
무상 249
낫 250
어머니·1 251
충주호에서 252
욕심 253
충렬사에서 254
청계산 철쭉 255
호접난 256
대나무 257
우면산의 8월 258
어버이날에·1 259
어머니·2 260
동백 261

노옹의 얼굴 262
절두산 263
염원 264
잡풀 265
계산법 266
사인암에서 267
향일암(向日庵) 268
겨울 진달래 269
고달사지에서 270
갈대 271
명퇴하던 날 272
유감(有感) 273
한글 274
행운목 275
가을 스케치 276
스님과 모기 277

## 제1부 바람의 향기

향 서린 꽃 술잔에 고향
단숨에 털어 넣고
해맑은 순진 무구가 함박눈을

눈 감으면 성큼성큼
그 동안 별일 없냐 툭툭치며
귀 익은 목소리들은

몇 송이 꽃
폭 삭은 꽃 대궁만 간
한천(寒天)에 내리는 눈을 시로

- <눈 오는 날의 향수> 전문

고향은 그리움이다. 내 살과 뼈이다.
고향의 새소리도 물소리도
길섶에 피어 있는 들꽃도 문풍지 두드리는 바람까지도.
그래서 나에게는 벗이고 그리움이다. 어머니의 품이다.

## 바람의 향기
　-허난설헌 생가에서


모처럼 찾은 고택 주인은 뵈지 않고
빛바랜 백일홍에 혼자 놀던 흰나비만
두 날개 접었다 펴며 오는 길손 반긴다.

솔숲에 바람 일면 "규원가"가 살아나고
흐벅진 모란꽃은 한철 웃다 떠나가도
고결한 매화 고목은 하 세월을 지켜 섰다.

자정(子正)이 지나도록 초조를 쌓는 밤은
배롱나무 걸린 달빛 거문고에 실어 놓고
솔밭에 두견을 불러 함께 울며 새웠으리.

## 길상사에서


바람마저 사치라며 숲속에 살게 두고
스님은 바랑 가득 무소유만 지고 와서
탐욕을 거둬낸 자리에 탑 하나를 세운다.

별빛도 돌아앉은 환락의 계곡물에
반야경 흘려보내 세속을 닦아내면
꽃을 밴 온갖 풀들이 앞을 다퉈 줄을 선다.

곰삭힌 속울음이 배어든 바윗돌은
비사(祕史)를 먹고 자란 돌이끼로 가려둔 채
백석 시(詩) 한 구절 들고 길상화가 피어 있다.

## 세탁소 주인


진종일 땀에 찌든
자기 생은 밀쳐놓고

구겨지고 너절해진
그 하루를 다독여서

빳빳이
기를 넣는다, 다림판에 올려놓고.


당당한 모습으로 세상을 살란 듯이
창에 걸린 천을 잘라 깊은 생각 덧대가며
덧난 생 다독거린다, 박음질도 야무지게.

## 고산(孤山) 유감(遺憾)
　-보길도에서


파도가 땅을 치며 통곡하는 해변에서
낚대를 드리우고 미친 세상 건져내면
못 삭힌 청음(淸陰)의 분노가 시퍼렇게 묻어 있다.


풍랑에 표류하다 땅끝까지 밀려와서
낚시에 걸려 나온 한양 하늘 한 조각이
불충한 노신의 뱃전을 쉴 새 없이 두드린다.


두륜산 꼭대기로 몰려든 먹구름이
마음 둘 곳 없어 허구한 날 떠돌아도
해무(海霧)에 배나 띄우고 사시사(四時詞)나 낚는다.


　*청음; 김상헌의 호

## 동목(冬木)의 절규
 - 과목의 겨울 전지(剪枝)


"모질다, 참 모질다. 엄동에 쳐내다니."
한천에 알몸으로 하늘을 떠받치며
팔다리 다 잘린 몸으로 절규하는 외마디다.

뇌 없는 인형들이 굿을 치는 마당에서
항명이란 굴레 쓰고 패싱을 당해가도
사기(史記)를 다시 읽으며 세한도를 생각한다.

냉혹한 현실 앞에 치미는 그 분노를
소한(小寒)날 눈을 녹여 뼛속까지 저몄다가
명년 봄 뻐꾸기 우는 날 새살 돋워 꽃 피우리.

(2020.1.9.)

## 허상

가짜가 용을 쓰는 회색의 도심에서
청사의 백열등이 어둠에 휩싸이면
집도의(執刀醫)
손끝이 떨린다, 날 선 칼을 잡는 순간.

벌레 먹은 흑장미를 단죄하는 서초로에
촛농이 엉겨 붙은 아수라장 바라보며
여신은
고뇌가 깊다, 어떤 추를 써야 할지.

(2020.9.)

## 가을 관악산

연주대 풍경에서
빨간 물이 번져 나와

바람이 불 적마다
물결처럼 퍼져 가면

온 산이 다홍이 된다, 석양마저 금빛이다.


스님의 염불에도
단풍 물 배었는지

두드리는 목탁에서
갈색이 번져 나와

반야경 흐르는 계곡에 무영탑을 쌓는다.

*연주대: 관악산 정상에 있는 작은 암자

## 단풍

세풍에 맞서다가
상처만 남은 삶이

풍상(風霜)의 협박 앞에 변절을 입에 물고

세상이
부끄러운 듯 얼굴색을 붉힌다.

## 광화문에서

손가락 혁명군이 완장을 차고 나와
빛바랜 왕조 깃발 광화문에 내다 걸고
근정전 문을 열란다, 기습하던 낭인처럼.

몰아치는 댑바람은 어사화를 피게 하나.
영혼 없는 장미꽃이 무더기 진 세종로에
경복궁 순라군들만 이명증을 앓는다.

(2020.1.)

## 염전 노예


마녀가 눈을 뜨면 아침은 또 열려서
천사(天使)가 살지 않는 천사(千四)의 섬들마다
배 갈라 생선 말리듯 사계절을 절인다.

별이 되려 그리던 꿈, 파도에 쓸려간 뒤
물푸개 휘감긴 고향 왼 종일 잣다 보면
눈물로 엮은 진주가 태산보다 더 높다.

불볕 소금밭에 바람도 떠나가고
동구 밖 먹 뻐꾸기 산빛을 울고 나면
아득한 수천 너머로 깨진 꿈이 쓸려간다.

## 평창 올림픽

평창 산골 눈밭에다 봄소식을 뿌렸는지
시곗바늘 앞당기며 한겨울이 녹고 있다.
대동강 풀리는 소리 분명 꿈은 아니겠지.

호접몽 읽다 말고 봄볕에 깜빡 졸다
설원(雪原)의 신기루를 만난 게 아니라면
미리 본 오월 하늘엔 꽃구름이 뜨겠구나.

어둠 벽 틈 사이로 희미한 빛을 보고
운명의 봄을 맞는 반도의 꽃봉오리
신경 줄 곧추세우고 기압골을 재본다.

(2020.2.20.)

## 사월의 눈(目)

등촉에 찔린 어둠 하얗게 타는 밤에
지뢰를 밟고 서서 겨우겨우 피워낸 꽃
플래시 세례를 받는다, 백의(白衣) 역사 길목에서.

먹구름 몰아내고 한 하늘 여는 순간
긴 겨울 버틴 풀꽃 산책로를 따라 피고
창백한 사관의 손끝은 봄볕 아래 떨린다.

가슴 가득 초조한 빛 품어 안은 판문점에
피 묻은 역사들을 하나하나 봉인하면
바람도 숨을 죽이고 조심조심 비껴간다.

(2018.4.27.)

## 판문점의 봄
  -선언 후 1년(2019. 4. 27)

사관의 붓대 끝이 떨고 있던 판문점에
구름을 못 벗어난 봄 햇살만 풍성하여
바람은 요깃거리로 풀꽃 몇 개 펼쳐 놨다.

피다 만 나팔꽃이 시공을 뛰어넘어
꺼진 불씨 살려내듯 제 목숨도 살리라며
파르르 댑바람 향해 애걸하듯 떨고 있다.

잡초만 웃자라는 개꿈에 취한 봄날
창을 놓은 한 병사가 오수에 빠져들면
판문점 돌개바람이 순찰하듯 다녀간다.

## 이인삼각(二人三脚) 경기(競技)
-2019. 7/4 판문점 이벤트

가뭄 든 판문점에 억지로 치는 번개
갈증을 풀어 줄 듯 하늘까지 들썩여도
단비는 내리지 않는다, 천둥소리 안 들린다.

이념에 찌든 산하 꿈을 접은 들풀들은
금단의 토양에서 꽃씨조차 못 품는 데
가면극 끝난 무대엔 뜬소문이 휘황하다.

## 판문점의 가을

가을비 추적추적 울고 있는 판문점에
미처 못 핀 봄꽃 들이 마른 꽃대 치켜들고
열적은 하늘을 향해 항의하듯 몸을 떤다.

비 그친 아침에도 구름 떠날 기미(幾微) 없고
한파가 덮쳐 올 듯 기압골은 요동치고
공단에 묶인 햇볕은 노을빛에 빨려든다.

폭죽을 터뜨리는 축제가 무르익어도
귀 막고 눈 가리려 애를 쓰는 허상들이
허공에 그림 그리며 야바위를 치고 있다.

쑥대들 으스대며 야합을 꿈꾸는 밤
난공불락 성채에다 욕망의 불을 지펴
팽팽한 긴장을 몰고 초겨울은 다시 온다.

(2019.11.20.)

## 판문점의 겨울


두 해 전 씨 뿌리며 꿈을 틔운 판문점에
떠돌던 오색 꿈도 방사포에 쓸려가고
끊어진 전선(電線)만 남아 말 상대를 찾고 있다.

꽃 잔을 추켜들던 산책로는 그대론데
새벽잠 잘 자라던 헛맹세는 녹이 슬어
판문점 도보다리에 낙엽처럼 쌓여 간다.

(2020.1.20.)

## 경자년 원단

미친 세상 안 보려고 하늘마저 돌아앉아
소한에 비를 섞어 계절을 버무린다.
어쩌면 한두 번쯤은 검은 눈(雪)이 오겠다.

패싱이 유행이라 절기마저 건너뛰니
대한도 속절없이 백기 들게 분명하다.
이왕에 내친걸음아, 사월까지 내달으렴.

## 지하철 광경

현상금 걸린 사내 담벼락에 붙어 있듯
현란하게 차려입은 신도시 아파트가
진종일 유혹을 해도 걸리는 이 하나 없다.

마패든 어사처럼 출동한 보안관이
치켜뜬 눈꼬리로 단숨에 묶어 가면
잡상인 추방 명령이 공중파를 타고 온다.

## 떠돌이 새

도둑 담배 피는 날은 딱지가 날아올까
앞뒤에 눈을 달고 천 리 밖을 살피지만
명치 끝 훑는 바람은 막을 길이 막막하다.

아파트 숲 사이로 쪽달이 숨어들면
공사판 기웃대며 하루해를 쪼던 새가
오늘은 늦잠 덕분에 기타 줄에 앉아 있다.

바람도 헐떡대는 달동네 판잣집에
폭력 당한 이력서가 마당으로 쫓겨나서
죄 없는 술병만 잡고 병나발을 불어댄다.

## 묵화 치기
### - 2020년 입춘에

노옹의 손끝에서
피어나는 흑 매화가

금세 툭 터질 듯 봄볕을 잔뜩 물고

지난해
절망을 삭여 꽃망울을 내단다.

## 우수에

도랑가 산책로에 봄바람이 놀다 갔나,
봄 햇살 물고 있는 쥐똥나무 가지마다
파릇한 봄눈이 나와 오색 꿈을 그린다.

꽃샘추위 입을 막고 미세먼지 눈 가려도
삼월의 그 함성에 꽃바람이 다시 일면
진분홍 사월 진달래 눈부시게 또 피겠다.

(2020.2.19.)

## 봄이 부끄럽다
  -코로나 사태를 보며

경자년 오는 봄은 만나기도 미안하다.
수많은 피붙이가 사투하는 현장에서
그 누가 봄꽃이 폈다고 희소식을 전하겠나.

이름 없는 풀꽃이라, 하찮은 미물이라
눈길조차 주지 못한 이 마음이 부끄럽다.
벙그는 매화 꽃잎에 앉은 봄도 슬프겠다.

산책로 따라 펼친 봄 자락이 쓸쓸하다.
역병이 두려운지 산새마저 피해가고
뾰족이 내민 햇순도 겁에 질려 떨고 있다.

경칩이 지나도록 개구리는 입을 닫고
아지랑이 손짓해도 다가서지 못하는 맘
삼월에 목련꽃 소식 듣기조차 무안하다.

(2020.3. 初)

## 나이팅게일
　-P. E. S 간호사


새내기 간호사가 선서를 다시 꺼내
병마가 춤을 추는 청도로 달려가서
가냘픈 그 한 몸 던져 저승사자 잡고 있다.

미친 코로나가 떼를 지은 도심으로
한 목숨 더 구하려 뛰어드는 거룩함에
남몰래 흘리는 눈물 조간지(朝刊紙)를 다 적신다.

울적한 백성들과 아픔을 함께하려
하늘도 답답한가, 새벽부터 울고 있다.
마스크 한 장 사려고 늘어선 줄 비에 젖네.

죽음이 판을 벌인 칠흑의 터널에서
십자가 달려 있는 한 줄기 별빛으로
암울을 갈아엎는다, 경자년(庚子年)의 화신(花神)이다.

(2020.2.28.)

## 대구의 봄

적막만 살고 있는 텅 텅 빈 도심에서
절망에 맞선 목련 꽃 편지를 쓰던 그 날
봄비가 곱게 내린다, 왁자한 봄 재촉하듯.

흩어진 일상들을 하나하나 주워 모아
영광을 되찾으려 벙글던 꽃봉오리
때아닌 회오리바람에 비통하게 떨어진다.

말 섞을 이 하나 없는 대학병원 주차장서
모정이 넋을 잃고 애간장을 태울 적에
무너진 하늘 한 쪽이 차창으로 밀려든다.

(2020.3.19.)

## 봄의 여신

양지에 앉은 봄볕 아지랑이 곱게 엮어
진달래 개나리에, 목련까지 한 땀 뜨면
봄 나비 훨훨 날아와 꽃잎 위에 앉겠다.

실개천 물소리는 흰색으로 수를 놓고
터지는 푸른 환성 가지가지 달고 나면
봄새도 펄펄 날아와 사랑 노래 부르겠다.

## 4월을 맞으며

세상의 빛 가로막는 황사 바람 부는 봄날
역병이 들불처럼 지구촌을 뒤덮으면
사월은 깔깔거리며 길거리를 쏘다닌다.

화사한 봄 물어뜯는 4월은 잔인해서
슬픔 잠긴 철쭉꽃이 어둠 속에 숨어 펴도
봄 햇살 노는 언덕엔 아우성이 조용하다.

미처 못 핀 청엽들이 애절하게 지는 도심
산책로 따라가며 적막이 진을 치면
벚나무 꽃다발 들고 사람 구경 나와 있다.

(2020. 4. 1.)

## 4월 어시장

어물전 좌판 위에 즐비하게 누운 생선
겉보긴 멀쩡해도 그 속을 못 믿겠다.
온종일 벽에 붙어서 웃고 있는 얼굴처럼.

갓 잡은 생물인 듯 교묘하게 말을 꼬아
오분간만 팔겠단다, 그것도 반값으로.
늘 듣던 공약(空約)이지만 솔깃하여 귀가 큰다.

봄 타는 사월이면 강도다리 좋다 해서
물 골라 흥정 중에 잡어(雜魚)가 떼를 쓴다.
"썩어도 준치랍니다, 저를 찍어 주세요."

(2020.4.10.)

## 눈 오는 날의 향수

향 서린 꽃 술잔에 고향을 가득 부어
단숨에 털어 넣고 지난 세월 되감으면
해맑은 순진무구가 함박눈을 뚫고 온다.

눈 감으면 성큼성큼 고향산천 걸어와서
그동안 별일 없냐 툭툭 치며 말을 걸고
똑,똑,똑 창을 두드린다, 귀에 익은 목소리로,

몇 송이 꽃 갈 길 바빠 서둘러 떠난 자리
폭 삭은 꽃 대궁만 간 곳을 가리키며
한천(寒天)에 내리는 눈을 시로 엮어 내놓는다.

## 낙엽

스크럼 짠 낙엽들이
무리 지어 휘몰린다.

밀알이 되겠다는
거룩한 신념으로

처절히 몸부림친다, 세종로가 얼룩진다.

가을비 지나간 뒤
대열을 정비하고

분노를 삼켜가며
골목골목 모였다가

동학란 의병이 된다, 황의(黃衣) 걸친 백성이다

(2018.11.1.)

## 단양에서

산은 강이 좋아
물가에 서성이고

물은 산을 못 잊어 멈칫멈칫 돌아가고

동동 뜬
도담삼봉은 원앙처럼 정겨웁다.

## 덕구 계곡에서

바람은 묶어 두고
새소리는 엮어 걸고

세상을 안 들으려
물소리로 담을 치면

꽃을 든
산나리 몇이 목을 빼고 기다린다.

*덕구 계곡: 경북 울진군 북면 덕구온천이 있는 계곡으로 삼척과 인
 접해 있음

## 창을 열면

산새들 모여들어
옥피리 부는 산속

청량한 계곡물이
반야를 노래하면

무상을 입고 온 바람 풍경 추에 달려 논다.

### 망백(望百) 반가상(半跏像)


한 생의 이력을 들고
봄볕 찾은 반가상이

바짝 마른 꽃 대궁에
사려 앉은 무상을 보며

고독에
물든 하루를 지팡이에 되감는다.

## 소한(小寒)의 제주 방문기

경자년 한겨울에 제주를 찾았는데

빗속에 피켓 들고
진달래가 나와 있네.

절기(節氣)도 유행병처럼 신풍속(新風俗)을 따라 사나.

(2020.1.6.)

## 봄은 왔는데

산과 들엔 봄이 와도
가슴은 냉골 같아

꽃도 피지 않고 나비도 날지 않고

때(時) 만난
유세(遊說)차량만 온 골목을 들쑤신다.

(2020. 봄)

꽃샘바람


산철쭉 품고 있는
단심(丹心)을 꺾으려고

지절(枝節)을 뒤흔들면 오히려 더욱 붉어

힘없는
청엽(靑葉)만 쳤나, 젊은 꿈이 낭자하다.

## 요지경 세상

사막도 아닌 땅에 신기루가 나타나서

허상을 펼쳐놓고
영혼을 빼 가는데

촛불은 무슨 연유로 그 퇴로를 뚫어주나.

(2019.9.28.)

## 방황

천심(天心)을 얻지 못해
갈지(之)자로 걷는 바람

꿈인지 생시인지 느닷없는 벽을 만나

온종일
바장거리며 탈출구를 찾는다.

(2020.4.16.)

# 개성공단
### -숨 멎은 4년

억지로 끌려가던
공단의 가짜 햇볕

가압류를 풀지 못해 하루하루 삭아가도

봄마저 외면했는지 찬바람만 다녀간다.

(2020.2.10.)

## 신륵사의 밤

무수한 별빛들이
여강에 빠진 그믐

법고로 앉은 소가
몸으로 밤을 울면

스님도 잠 못 이루어
황촉 불을 다시 켠다.

## 흑산도 집에서

미더덕 툭 터지면 밀려오는 파도 소리

그 한 결 차지하고
갈매기도 따라온다.

흑산도 바다 냄새가 입안 가득 파도진다.

## 허세


땅속에 파묻혀서 없는 듯 살던 돌이

흙탕물 휩쓴 뒤에
별안간 튀어나와

거드름
잔뜩 물고서 도랑 물길 틀고 있다.

차와 막사발


그 흔한 들꽃조차
외면한 투박함에

하늘이 들어와서 구름 한 폭 그릴 제면

때맞춰
바람이 와서 물무늬를 치고 간다.

## 우수(雨水)에 오는 눈

비 대신 내리는 눈
갈피를 잡지 못해

왜바람 등을 타고 온종일 분분하다.

너마저
우수(憂愁)에 젖어 맘 둘 곳을 못 찾느냐.

(2020.2.19.)

## 현장에서

공포의 코로나에
온 땅이 짓밟히자

빛없는 골목마다 구암(龜巖)이 뛰어들어

온몸이
땀범벅 된다, 목숨 하나 더 구하려.

\*구암(龜巖): <동의보감>으로 유명한 조선 중기의 명의 허준의 호

## 길을 가다가


혹시나 저 사람도
코로나에 걸렸을까

의심의 눈초리가 뒤통수를 따라온다.

오는 봄
빼앗긴 골에 불신감만 웃자라서.

## 3.1절에

시시각각 보도하는
확진자 공포증에

연금(軟禁)된 백성들은 우울증을 짊어지고

집집이 태극기 내건다,
울화통이 치민다.

## 콩을 까면서

때깔이 하도 고와
선뜻 집은 꼬투리가

어디서 본 것같이 껍데기만 화려하다.

너희도
바람이 들어 시류 따라 사는 거냐.

## 어느 의사

사랑이 목마른가
사명감에 불타는가
십자가 등에 지고
뛰어든 절망 속에
나치를 허물어뜨린 자애로운 눈을 본다.*


천둥 같은 침묵이
가득한 병실 안에
하늘의 거룩한 뜻
다시 한번 새기면서
어둠에 묻힌 세상을 붉은 피로 닦는다.


*막시밀리안 마리아 콜베 신부: 아우슈비츠 수용소에서 남을 대신
 해 죽음을 선택한 성인

## 고해성사


염색된 언어들을
봄비로 닦아내고

봄볕을 고이 쏘여
햇순처럼 돋게 하면

내 삶도 부활을 할까, 잡티 없는 이슬같이.

## 부활절 아침에

돌무덤 가로막은
큰 돌을 치우고도

어둠 속 걷고 있는 반도의 아침 해가

눈물이
사태 난 골에 산철쭉을 피운다.

(2020.부활절)

## 제2부 바람이 피운 들꽃

시인은 온 세상을 가슴으로 떠받치고 살아가는 사람이라고 하지만 언제나 그럴 수는 없다. 인간이기 때문이다. 그래서 다가서는 관심이 필요하다. 가장 낮은 자세로 관심을 갖고 온 세상을 우러러보며 받드는 자세로 살아가는 사람들이다 귓가를 스치는 바람에도, 무심코 차고 가는 돌부리에도, 무관심하게 흘러가는 구름에도 시인은 자신의 가슴을 대고 산다. 아침에 창을 열면 태양이 떠오르고 새들이 노래한다. 시인은 새의 친구이다.

- 평설 중에서-

## 바람이 피운 들꽃
### -풀꽃

실낱같은 꽃이라고
향기마저 초라할까

장미 넝쿨 꽃그늘이 햇볕마저 가렸어도

억만년 이 땅을 지킬
아리랑을 품고 산다.

흙수저


어젯밤 소낙비가
휩쓸고 간 도랑가에

오금을 펴지 못한 잡초가 엉겨 붙어

피어린 설움을 모아
오색 꿈을 엮고 있다.

## 독거노인


바람만 찾아오는
섣달 끝 판잣집에

고뿔 걸린 그믐달이
쪽방에 모로 누워

두 귀는
문밖에 둔 채 지른 빗장 풀고 있다.

## 고물상의 초상


예서제서 몰려나온
고릿적 물건들이

저승꽃 피었어도 제 몸값 받겠다고

거드름
괴고 앉아서 맨 앞줄을 차지한다.

## 통일 피아노

미움도 녹이 슬어
생을 마친 철조망이

포연이 묻은 채로
선율을 입고 나와

검고 흰 불협화음을
수묵화로 치고 있다.

## 충주 미륵사지

하늘 재 고개 아래
바위 속 갇힌 거북

석공의 손에 끌려 속세로 따라 나와

미륵불
기다리는지 미동조차 않는다.

*하늘 재: 충청북도 충주시 수안보면 미륵리와 경상북도 문경읍 관음리를 연결하는 고개

## 오월 뻐꾸기

인왕산 숲속으로
돌아온 먹뻐꾸기

개개비 둥지에다
알 하나 슬쩍 낳고

한나절 울고 또 운다, 여의도 바라보며.

## 대물림

풀숲에 세를 얻어
고층빌딩 바라보며

날개를 악기 삼아 현을 뜯던 풀벌레가

허름한
초옥에 들어 별이 되는 꿈을 꾼다.

## 우거에서

낮에는 산바람이
창틀에 앉아 놀고

밤에는 달이 와서
하룻밤 묵고 간다.

계곡물 고운 노래는
술벗이나 하자하고.

사후약방문
  -대통령 탄핵을 보며


봄 오자 땅 풀리며
기울어진 청기와 집

가신들 허둥대며
명장을 구하지만

떠받칠 재목은 없다, 눈을 씻고 찾아봐도.

## 폐지 줍는 할머니


짐 실은 달팽이가
콧김을 내뿜으며

골목골목 쌓여있는
미명을 거둬갈 때

슬며시 다가온 햇귀가
손수레를 밀어준다.

## 아내에게 쓰는 편지

물 젖은 아내 손에 돋는 촉을 못 봤는데

손가락 대궁 삼아 가시 꽃을 피워 달고

주름진 세월 한 폭을 노을빛에 내거네.

## 노점 할머니

봄 한 자락 끊어다가 펼쳐놓은 길목에서

가난 묻은 햇나물을
통째로 들고 오면

할머니 미소 한 움큼이 우수리로 따라온다.

## 대나무의 변


한 생을 살아오며
굽힌 적 한 번 없고

세월도 사치라서 목리(木理)마저 안 남기며

속 비워
청산에 사니 사시사철 푸르다.

# 대나무 · 2

사철 푸르러도
봉황은 찾지 않고

줄기가 곧다 하나 동량 깜이 못 되는데

속 비워
청산에 산들 잡목이나 다르랴.

## 왕산에서

불목으로 병이 깊어
물어물어 찾은 산청

신의(新醫) 떠난 동의전은 복석정이 차지하고

필봉만 청산에 남아
구암 간 곳 가리킨다.


*구암(龜巖) : 조선 중기 명의. <동의보감>의 저자인 허준의 호

## 봄꿈
　-노점 할머니

햇나물 몇 움큼을
봄볕에 맡겨 놓고

시들 근심 접어둔 채
꿈길을 다녀오며

토실한 돼지네 가족
줄을 세워 몰고 온다.

할머니 보법

반려자 유모차에
온몸을 맡겨 놓고

녹슨 바큇살에 길을 당겨 감는 노파

오늘도
노을만 싣고 장미처럼 웃고 있다.

## 적벽대전

저녁놀 타는 북촌
까막까치 떼를 지어

한 치 영토를 두고 벼랑 끝에 마주 선 날

낮달은
실어증 걸려 얼음처럼 창백하다.

## 정형 시조

꽃이 된 말마디가
오선지를 타고 올라

시공을 넘나들며
고운 향을 퍼 나르면

행간에 박힌 영혼이 진주처럼 반짝인다.

해탈


고사상에 올라앉아
만 원짜리 몇 닢 물고

돼지가 웃고 있다, 반가상의 미소처럼

미물도
열반에 들면 마음 저리 편하구나.

## 버림받은 흑진주

하늘마저 못 보시나, 눈만 키운 흑진주를

실낱같은 명줄 잡고
말라붙은 젖을 물면

앙상한 늑골 사이로 속울음이 흐른다.

## 음지의 눈물


영혼 없는 오월 장미
억지로 핀 담장 아래

그늘 먹은 무명초가 육신마저 헐뜯기고

떠도는 소문만으로
주린 배를 채운다.

## 연밭에 부는 바람


고요에 발 담그고
영혼을 빗질하면

연꽃 향에 반한 바람 발걸음이 잽싸지고

청빈한 선비네 시심은
달빛 아래 더욱 곱다.

## 배추를 절이며

서릿발도 두렵지 않던
그 결기 어디 가고

소금 앞에 무릎 꿇고 스스로 뜻을 꺾어

살길은
변절뿐이라며 배알마저 빼버린다.

## 작설차를 마시며

투박한 찻잔 속에
떠오르는 시 한 편을

혀끝에 갖다 대고
마디마디 새겨보면

잎새 끝 산새 소리가 종알종알 떠오른다.

## 월하예당에서 · 1

월하(月荷)의 빛을 물고
현을 뜯는 꾀꼬리들

벗들과 어울려서 찾아간 정자에는

한 마리 가녀린 새가 옥소리를 품고 있다.

## 월하예당에서 · 2

가냘픈 줄을 타고
술대가 춤을 추면

애절한 거문고가
장부 가슴 파고든다.

슬픈 듯
황홀한 가락에 넋을 잃은 밤이여!

## 국립묘지에서 · 1
  -탄핵을 보며


핏빛 어린 이 산하에
목발 짚고 사는 넋이

절망을 넘지 못해 주저앉아 우는 밤을

한강은 왜 말문을 닫고
눈길조차 안 주는가.


거룩한 주검들이
묘지를 박차고 나와

얼룩진 태극기를
머리에 다시 매며

새파란 구국 선언문 엄중하게 낭독한다.

## 월악산 마애불

바위 속에 침묵하며 억겁을 사시다가
석수장이 손재간을 몸에다 두르시고
홀연히 문을 여시며 사바계로 나오신다.

감은 듯 뜨신 눈에 한 천년이 들어앉아
어제는 시공을 사려 점 하나를 찍더니만
오늘은 덕주사에서 반야경을 풀고 있다.

떨어지는 산새 소리 묻어 있는 나뭇잎에
꽃이 된 금강경이 적막을 쌓는 나절
무너진 하늘 한 쪽이 국사봉에 걸린다.

## 하롱베이

신들은 시샘하듯 기묘한 섬을 지어
저 너른 바다에다 오밀조밀 뿌려 두고
먼 훗날 사람들 불러 천하 비경 찾게 한다.

보름달 뜨는 저녁 하늘 문 활짝 열면
폭포처럼 쏟아지는 달빛을 몸에 감고
수상 족 원앙 한 쌍이 별이 되는 꿈을 꾼다.

이백도 말이 막혀 붓을 꺾은 이곳에서
천년 뒤 찾은 손(客)도 실어증에 끙끙대며
이별이 하도 서러워 멈칫멈칫 돌아본다.

## 구직

가뭄의 강 건너려고 모여든 누우 무리
생존이란 굴레 쓰고 탈출구를 찾고 있다.
강바닥 도사린 덫은 생각조차 못 한 채로.

지고 온 역마살을 절벽에 다 부리면
강 건너 초원에는 무지개가 떴으려나.
허기진 발굽 소리가 천둥 치듯 몰려간다.

맹수의 만매(漫罵)쯤은 신경 쓸 결도 없이
신기루에 속고 속아 거친 들판 헤매면서
한사코 내달려 본다, 세렝게티 평야를.

## 만월대의 봄

천년도 찰나인가, 왕업은 간데없고
꿈꾸는 황성 터에 청잣빛만 아련한데
때아닌 천둥 번개가 먹구름을 몰고 온다.

봄 오는 길목 하나 차단기로 틀어막고
불 먹은 칼바람이 선죽교로 내려서면
다 낡은 왕조의 깃발 짐승처럼 울어댄다.

여명을 품지 못해 불 꺼진 공단에서
김빠진 바람마저 검색대를 통과하면
발 묶인 햇볕만 남아 빈 공장을 지킨다.

졸고 있는 이정표에 올라앉은 새 한 마리
폭죽이 수를 놓는 고향산천 바라보며
애절히 울고만 있다, 영영 봄이 안 올까 봐.

밤이면 별을 헤다 별이 되는 꿈을 꾸고
천둥이 우는 날엔 벼락 맞는 꿈도 꾸며
한 생애 찍힌 낙인을 천형처럼 달고 산다.

## 낙일(落日)에


거산(巨山)에 해가 지자
떠났던 철새들이

나뭇가지 챙길 셈에
앞다퉈 모여들고

덩달아 잡새도 날며 눈도장을 찍는다.


거산을 등에 업고
올망졸망 모인 야산

골이 깊지 못해
동량(棟梁)감 보이지 않고

잡목만 빽빽이 서서 한 하늘을 가린다.

## 불멸

새카맣게 몰려오는 왜적의 선단처럼
반짝이는 물비늘에 가슴이 철렁하여
두 주먹 말아 쥔 바람 대숲 속을 못 떠난다.

피 묻은 조약돌을 품안에 끌어안고
형형한 눈빛으로 날 세운 파도 보며
거룩한 죽음이 산다, 관음포구 이락사에.

## 팽목항에서

슬픔을 밀고 다닌 백사장의 새 발자국
파도가 밀려와서 그 아픔 쓸어 가면
피멍 든 종이쪽지만 방파제를 잡고 운다.

수신 못 된 언어들이 물살에 쓸려오면
핏발 선 눈동자는 새파랗게 날을 세워
목이 쉰 갈매기 따라 맹골수로 날아간다.

밤새워 친 그물에 걸려 있는 어미 마음
그믐에도 달을 띄워 그림자를 찾고 있다.
무너진 가슴 속에다 무영탑을 쌓으면서.

침묵이 짙게 깔린 팽목항 가로수에
전설을 꿈꾸면서 비를 맞는 노란 리본
완강히 버티고 있다, 집어등도 우는 밤을.

## 생불

사당역 지하도에
엄동을 깔고 앉아

섣달 끝자락을 의족에 걸어 두고

등 돌린 볕뉘만 주워 빈 깡통을 채운다.


멈출 듯 지나가는
무심한 발걸음들

엎드린 등을 비켜 총총히 사라지면

바람은 또다시 와서 시린 뼈를 쑤셔댄다.

## 만덕산 토굴

세상을 접어 깔고 토굴에 살던 선비
목민심서 읽다 말고 느닷없이 하산한 뒤
초심이 떠난 빈방을 갯바람이 다녀간다.

마음을 탁발하러 저자로 나간 선사
동백꽃 터지건만 돌아올 줄 모르고
몇 마리 텃새만 모여 낡은 집을 지킨다.

산다화 피고 지는 오솔길로 접어들면
백련사 풍경 소리 만덕산을 물들이고
흰 구름 머무는 곳에 초의선사 웃고 있다.

# 휴전선

확성기 공포증에 발작하는 저기압골

삭막한 디엠지(DMZ)에 폐색전선 몰고 와서

한바탕 쏟아 부려나, 먹장구름 심상찮다.


애꿎은 꽃송이 몇 광풍에 또 질까 봐

흙이 못된 비목까지 뚫린 철모 다시 쓰고

내게도 총을 달라며 앞다투어 일어선다.

## 복원 관악사지

봄
사지(寺址)를 증언하듯 부서진 돌탑 틈에
꽃이 된 금강경을 온종일 바라보며
봄 햇살 또다시 와서 주춧돌에 앉아 있다.

여름
꿈꾸는 선각 문에 망치 소리 올라앉아
주지승 죽비 치듯 불사를 독촉하면
무구(無垢)한 스님의 독경 연주대를 내려온다.

가을
목공의 피땀 속에 미륵 벌써 와 계시나
천년도 어제처럼 눈을 뜬 가람 옛터
가을빛 감긴 황엽이 반야경을 베낀다.

겨울
엊저녁 내린 눈에 매화 송이 뿌려가며
들고양이 한 마리가 예불하러 떠난 길을
흔적도 번뇌이던가, 스님 홀로 쓸고 있다.

## 경희궁의 봄

주인 없는 경희궁에
홀로 핀 민들레 꽃

객쩍은 봄바람이
가끔 와서 흔들어본다.

함성에 벌어진 돌 틈엔 반정 이끼 자라나고.

## 대립

가난을 걸쳐 입은
민들레 한 송이가

보도블록 틈새에다
노란 천막 하나 치고

일조권 내놓으라며 빌딩 숲에 맞서 있다.

## 수구초심(首丘初心)


하산한 율사(栗士)들이 바구니에 들어앉아

온몸을 뒹굴리며
가을볕을 쬐다가도

가끔씩 창문 밖으로 제 온 곳을 내다본다.

### 삯꾼의 아침

꽁꽁 언 흙수저가
세상 등짐 잠시 풀고

어둠의 첫새벽을 해장국에 푹푹 말아

명치 끝 바람을 막는다, 멈춘 피를 되돌린다.

## 바다 이야기

칼날에 서슬을 묻혀 바다로 나간 영감(令監)

몸통이 드러나자
오금이 저려와서

거기엔 고래가 없다며 고래고래 외친다.

## 애기봉


까마귀 울음소리 자꾸 귀에 거슬려서
날벼락 떨어질까 등탑을 허물던 날
꿈 잃은 저 산 비둘기 한낮 내내 울고 있네.

저 멀리 송악산에 짙게 깔린 먹구름은
겨울이 오기도 전 폭설을 퍼부려나
암담한 내일을 물고 소쩍새는 숨어 운다.

## 정유년의 봄

촛불 시위 아픔들이 수북한 세종로에
이명증 앓는 팬지 환청에 시달리며
목련이 곁에 와 있어도 봄 온 줄을 모른다.

햇살은 구름 벗고 봄볕을 부려놔도
촛불을 등에 지고 장미전쟁 치르려나.
온 천하 나팔수들이 난장으로 몰려든다.

## 열두 마디

백두대간 줄기마다 겨레의 고운 노래
골골마다 물들이며 유구히 흘러내려
결 고운 비단을 짜듯 오색 꽃을 피워낸다.

삼장 육구 열두 마디 핏속에 흐르는 얼
선비네 옷자락에 선연히 배었으니
한 떨기 무궁화 되어 지구촌을 꾸미오리

선조의 청렴 기개 싱싱하게 실은 노래
갈고 닦아 빛내어서 자자손손 이어가세
장하다, 백의의 노래 지구촌이 뜨겁다.

## 고궁 박물관에서


무너진 하늘 끝에 걸려 있는 어진(御眞) 한 장
낭인을 막지 못한 분노가 살아난 듯
순라군 나발 소리에 양미간이 꿈틀댄다.

왕조를 둘둘 말아 한강수에 내던지고
기모노 품에 들어 별이 되던 배신이여
담장 밑 풀꽃 하나가 미풍에도 치를 떤다.

병사의 일기


비둘기 구구대는
휴전선 어느 막사

초한전(楚漢戰)에 넋이 빠져 화약 냄새 못 맡는다.

풍계리 버섯구름에 피바람이 실렸건만.

# 태풍 경보

기상대 발표 듣고 벌써 납작 엎드려서

숨소리 죽여 놓고 살 궁리만 찾고 있네.

아무리 잡초라지만 영혼마저 버렸더냐.

여신의 변심


귀먹은 저울추가
굴절된 빛을 받아

오금 저린 잡초들을 비웃듯 깔고 앉아

금잔화 핀 언덕에 올라 꽃 술잔을 부딪친다.

## 춘투

못다 핀 팬지꽃이 오색 깃발 나부끼며
덕수궁 담을 끼고 칼바람과 맞선 봄날
한순간 터질 것 같은 긴장감을 물고 있다.

대대로 물려받은 절망을 짊어지고
강제로 이주당한 고려인의 슬픔처럼
살수차 물세례 속에 하루해가 쓸려간다.

## 제3부 바람의 쉼터

그가 문명비판이나 자아 성찰의 수단으로 구축해 놓은 시 세계는 어떤 사상(事象)을 상징하는 특이한 조형물이거나 괴이한 공간이 아니라 우리들 삶의 양상과 개인의 삶에 지대한 영향을 미치고 있는 보편적 사회상이다.
인간과 밀접한 관계를 지니고 있는 자연이나 사물 등 시적 대상을 파고드는 예리한 안목과 상상력으로 생성된 무형의 생명체가 살아 숨 쉬는 작품이 분사하는 그윽한 정서, 적절한 언어 구사로 아름답게 묘사한 내용을 음미하며 공감할 수 있는 시를 생산하기에 전심전력을 경주함이 시인의 기본 자세라고 한다면 김 시인은 그 기본에 충실한 창작 주체임에 틀림이 없다.

- 평설 중에서-

## 바람의 쉼터
  -노옹


햇살이 오글오글 모여 있는 담장 아래

오늘도 등신불인 양
고요를 깔고 앉아

적멸궁 저만치 두고 무상을 되새긴다.


단 한 점 물기마저
바람에 내어 주고

무심한 빛을 엮어
소멸을 담으시나

고졸(古拙)한 반가사유상 시방세계 괴고 있다.

## 피에타

무릎에 고이 잠든
찬란한 슬픔이여!

숨 막히는 침묵으로 못 자국 바라보는

애절한
어머니 눈빛 뼈저리게 거룩하다.

## 우포늪 가시연꽃

늪 깊이 가라앉은
시원의 빛을 꺼내

문명을 거부한 채
꽃 한 송이 피워놓고

아득한 태고를 산다, 신앙 같은 순결로.

## 에밀레종

비천상 등에 업혀
엄마를 찾던 아이

잡힐 듯한 손을 놓쳐 멀어지는 엷은 꿈결

천년도 찰나이던가, 울음소리 쟁쟁하다.

## 벼슬나리꽃

수풀에 파묻혀서
청렴만 키운 뜻을

무시로 찾은 벌이 소문낼까 두려워서

발그레
얼굴 붉힌 채 풀잎 뒤에 숨어 산다.

사모곡


손때 묻은 몽당 호미 두렁에 꽂아 놓고

내 살처럼 아끼시던
서너 평 밭머리에

어머닌 깊은 잠 드신 채 깨실 줄을 모르네.

## 산사의 봄

작설차 우린 잔에
봄비 소릴 풀었더니

곤줄박이 날아와서
제가 먼저 맛을 본다.

그 광경 보시었는가, 부처님이 웃으신다.

## 바위틈에 핀 철쭉

바위 절벽 틈바귀에
생살을 밀어 넣고

창공을 깊이 새긴
손재간이 경이롭다.

빨간 꽃
서너 송이를 허공에다 피워두고.

## 역사의 오류
 -경주박물관에서

세상을 휘두르던
철기 때 쇠 검 하나

명분을 앞세운 채 박물관에 살고 있다.

살인죄
죄다 감추고 한 시대의 영웅으로.

## 감 가게에서

물러터진 홍시들은
뒷줄로 밀려나고

침 담근 땡감들이 앞줄로 나와 있다.

때깔이
화려할수록 몸값 또한 비싸니까.

## 서울역 지하도에서
 -IMF를 겪으며


어디선가 한 번쯤은
제 구실 했을 못(釘)이

찬 바닥 여기저기 흩어져 나뒹군다.

누군가
똑바로 펴주면 다시 쓸 수 있을 텐데.

## 고려청자

여인의 고운 피부
갈라진 살갗마다

뼈저린 세월들이 비색을 차려입고

눈 시린 고려 하늘을
천년이나 품고 있다.

## 한식 무렵

할미꽃 두 송이가
무덤가에 다정하다.

등 굽은 할머니를 부축하는 할아버지

살아서
애틋한 정은 죽어서도 뜨겁다.

## 그릇 키우기


태산이 한 줌 흙을 거부한 적 있었던가,

바다가 물의 출처 따진 적이 있었던가.

구름이 바람 온 곳을 물은 적이 있었던가.

## 행간 읽기


창안에 갇힌 벌레
유리에 달라붙어

온종일 맴을 돌며 탈출을 궁리해도

곳곳에
지른 빗장을 풀지 못해 쩔쩔맨다.

## 반가사유상


시공을 건너가서
마침내 점을 찍고

살포시 지으신 미소
신비를 품으셨네.

손끝에 시린 하늘이 새털보다 가볍다.

## 섬 노래

천사의 섬에서는
뭇 별도 숨어 뜬다.

눈물이 졸아들어
꽃소금이 될 때까지

피땀을 먹고 자라는 악의 꽃이 피고 있다.

## 겨울왕국
### -이산의 아픔

혹한에 치를 떨다
입마저 굳었는가.

사방에 귀가 달린 통곡의 벽에 갇혀

심중에
박힌 응어리 꺼내 놓지 못한다.

## 봄나물 · 1
### -선거철에

땅속에 감추었던
내밀한 그 몸짓이

춘분이 지나면서
색깔을 드러낸다.

저마다 신토불이라는 그럴듯한 명분으로.

## 오두산 전망대에서


봄 맞은 남촌에선
꽃놀이가 한창이고

강 건너 북촌에는
폭죽놀이 한창이다.

임진강 다다른 봄이
꽃 사태를 이룬 날도.

## 제국의 겨울


겁먹은 동토에는
홰를 칠 닭도 없나

칼바람 몰아치는 회색빛 도심에서

햇볕도 가짜가 있는지 옷 벗길 줄 모른다.

## 어느 해녀
### -해녀들의 삶

가난을 지고 나가
죽음을 건져 온다

망백의 해녀 할망
손에 잡힌 미역발에

저승이 딸려 나와서 망사리로 들어간다.

## 계사년의 봄

수위가 높아지는 한반도 기상이변
머무는 저기압을 물러날 기미 없어
먹구름 잔뜩 물고 와 천둥 치며 을러댄다.

실성한 날씨 탓에 움츠러든 꽃봉오리
하늘만 바라보며 바람 자길 기다린다.
언제쯤 벗어나려나, 이 험악한 기압골을.

벌레들도 숨을 죽인 암울한 송악산에
피다 만 봄꽃들은 사색이 깊어진다.
오는 봄 되돌리려나, 심상찮은 이 기류는.

전례 없는 한랭전선 변덕스런 짓거리는
관측소의 레이더에 차곡차곡 쌓여 간다.
날뛰다 제풀에 꺾일 철모르는 꽃샘추위.

## 탄광촌에 피는 꽃
  - 북한 동포

탄가루 뒤집어쓰고 탄광촌에 피는 꽃은
색깔은 고사하고 생존권도 유린된 채
빛 좋은 왕업의 땅에서 칼바람만 맞고 있다.

제 영토 빼앗기고 흐느끼며 먹는 가난
천형이 아닐진대 가혹한 한 생애여!
막장에 무너진 꿈이 갱도 따라 검게 핀다.

## 질경이의 삶
  -철조망을 넘어온 <고발>*을 읽고


짓밟힌 잎새마다 죽음이 서려 있고
젖먹이 잔등까지 쇠도장 찍혀 있다.
잡촌들
애착 없으랴, 하나뿐인 목숨인데.

새빨간 독버섯이 여기저기 돋아나서
허기진 벌레들을 무대에 올려놓고
마술로 영혼을 훔쳐 자감하며 살게 한다.

전설 속 유령들이 몰려나와 사는 세상
광장에 붉은 깃발 바람에 펄럭이면
나는 법
잊은 종달새 조롱(鳥籠)에서 울고 있다


*<고발> 북한작가 반디가 쓴 소설 제목, 북한체제를 비판한 소설로
 노벨문학상 추진 작품
**무대자감: 배우가 무대에서 연기하는 것처럼 실제 생활에서도 그
 렇게 함.

## 봄나물 · 2
### -선거철만 되면

제철이 되었는가, 이산 저산 골골마다
달래 냉이 풋나물이 상경을 서두르고
저자엔 화젯거리로 뜬소문이 날아든다.

혈통을 이어받은 토종이라 자랑하며
진화를 거부하고 좌판을 차지한다.
타는 봄 입맛을 돋울 참나물은 나올는지.

## 둥지


목소리 고운 새가 먼동을 불러오면
솔바람 부산 떨며 어둠을 비질하고
꽃을 든 벼슬 나리는 수풀 속을 나선다.

산 까치 종종 치는 오솔길이 끝날 즈음
창공을 깊이 파내 새겨 넣은 시간들이
산자락 숲속 번지에 둥지 하나 틀었다.

비바람 막아주던 어머니 가슴처럼
비둘기 오순도순 살 비비고 사는 집에
사계절 함박웃음이 울타리를 넘는다.

## 영광굴비

미망을 벗지 못해 창해를 방황타가
그물에 걸려들어 줄줄이 엮여간다.
영광에 오사리 굴비 그 명성도 자자 터니.

비굴을 뒤집으면 굴비가 되는구나.
출처 모를 부세들도 잔재주 부려가며
의젓이 좌판에 누워 제 몸값을 부풀린다.

선홍빛 아가미에 왕소금 뿌려지고
뼈가 된 물비늘이 덕장에 가득하면
파시에 쌓인 비린내 사리처럼 굳는다.

삶을 지탱하던 빗살의 지느러미
등짝에 눌어붙어 허망의 짐이 되고
죽어도 할 말이 남은 듯 벌린 입을 못 다문다.

## 이산가족 상봉을 보며

얼싸안은 가슴 사이로 카메라 지나가며
넘지 못할 선 하나를 무색으로 긋고 있다
사무친 피눈물마저 갈라놓은 이념의 벽.

잃어버린 반세기가 사진 속을 걸어 나와
떨리는 손끝으로 제 반쪽에 맞춰본다.
들고 온 조각들 둥둥 떠다니는 바다에서.

## 무료급식소에서

구부러진 지팡이가 멀거니 줄을 서서
명치 끝 지나가는 바람 소리 듣고 있다.
앙상한 나뭇가지에 외로움을 기대놓고.

허기가 둘둘 말린 조바심을 손에 쥐고
시린 이를 달래다가 하품을 입에 문다.
행여나 동나지 않을까 목을 길게 빼가며.

빛 좋은 소문들만 허공을 떠돌다가
눈발에 휩싸여서 국밥에 떨어져도
매화꽃 피는 소리는 가슴마다 찬란하다.

## 백 원의 성찬


손안에 들려 있는 땀이 밴 동전 하나
고액의 신권처럼 빳빳하게 살아난다.
구겨진 체면을 들고 가을비를 맞으며.

손에 쥔 바람의 뼈 숭, 숭, 숭 뚫어져도
내년 봄 진달래는 얼굴마다 미리 핀다.
맛깔 난 미소 고명을 덤으로 받을 때는.

무너진 돌탑을 지고 잠시 들른 섬에서는
핏줄을 타고 돌던 아릿한 찬바람이
명치를 빠져 나와서 꽃망울을 부풀린다.

## 고성 전망대에서

심장을 겨냥하던 팽팽한 그 순간을
갈매기 날아와서 증언하듯 울고 있다.
황당한 새벽 저주에 해금강은 갇혀 있고

구선봉 먹구름은 빗살을 흩뿌리고
그 빗속 달려오는 아련한 비명 같은
찢어진 종이 한 장이 철조망을 잡고 운다.

## 명예퇴직

새것에 밀려나서 반값 처분 명찰 달고
구석에 처박힌 채 눈치만 보고 있다.
호시절 되씹고 있는 괄호 밖의 목숨들.

못 팔린 죄를 물어 창고에 감금하고
아전을 불러들여 여죄를 캐고 있다.
혹시나 제가 걸릴까 상품마다 벌벌 떤다.

## 하늘 공원
### -난지도

몰려든 쓰레기에 제 자리 빼앗기고
울면서 떠난 그 길 되돌아온 풀벌레가
여름밤 홀딱 새우며 귀향 잔치 벌인다.

격동기 잔해들이 켜켜이 쌓였던 곳
넝마주이 어린애들 꿈을 캐던 아픈 언덕
눈물로 쓰던 편지가 억새꽃이 되었는가.

무성한 숲속 어디 둥지 튼 곤줄박이
암컷을 숨겨 놓고 수컷이 망을 본다.
스치는 바람결에도 머리털은 곤두선다.

단청 끝낸 공원으로 맹꽁이는 모여들고
곱게 차린 풀꽃들이 하늘대며 춤을 추면
우화한 매미 소리에 난지도가 들썩인다.

## 이포보에서

눈발이 날릴 때면
기러기 날아오고

청보리 필 때쯤엔
종달새 찾던 밭이

수풀에 숨어서 산다, 문명이란 허상 앞에.


모습 감춘 황쏘가리
소식마저 묘연한데

떠나는 희망버스
철탑에서 바라보며

텃새는 울도 못한다, 고압선을 밟고서.

## 상심
### -청문회

청사에 오르는 꽃 하나같이 벌레 먹어
실의에 젖다 못해 분노가 솟구친다.
한 떨기 순결한 꽃은 이 땅에선 안 피는가.

거룩한 신앙처럼 첩첩산중 깊은 골에
물소리 새소리에 청렴만 키운 꽃을
그 누가 본 적 있어서 가슴 뛴 적 있었던가.

## 아랍의 봄

재스민 꽃향기가 후끈 달은 침묵의 땅
짓눌린 숙명들이 화산처럼 폭발한다.
열사(熱沙)에 저 지각변동 신기루는 아니겠지.

한 치 앞 안 보인다, 모래 폭풍 이는 거기
피 묻은 시간들을 전설로 덮어두고
길 잃은 아랍의 봄이 사하라를 떠돈다.

## 비무장 지대

지뢰를 밟고 서서 꽃을 피운 금강초롱
바람도 조심조심 그 곁을 비껴간다.
장하다, 목숨을 걸고 녹색 깃발 내건 그 뜻.

절단된 다리보다 먹는 것이 슬픈 짐승
평화의 성역처럼 철책 안에 움을 틀고
곳곳에 깔린 뇌관을 숙명처럼 끼고 산다.

## 도문에서

바람도 여기서는 통행 허가 받는 건지
햇살 고인 다리 위엔 적막도 줄을 서고
강물은 눈물에 젖어 먹물 빛만 풀고 있다.

전설의 나룻배는 비문에 박혀 있고
혀짜래기 조선말로 발길 잡는 뗏목 선은
목숨을 일각에 두고 국경선을 넘나든다.

## 어느 초상화

오가는 사람들을 왼 종일 쳐다보며
벽보판에 몸을 기댄 바보가 웃고 있다.
눈(目) 속에 하늘을 품고 단 한마디 말도 없이.

그 사람 계산법은 손해가 정답이다.
하나를 달라 하면 두 개를 내어 주고
가진 것 죄다 뺏겨도 그냥 좋아 웃는 거다.

## 산 벗꽃

화사한 봄 여인과
마주친 산길에서

마음을 사로잡힌 머리가 하얀 노옹

꽃비를 흠뻑 맞아도 애들처럼 즐겁다.

## 제4부 바람의 아침

바람은 꼭두새벽부터 창문을 두드린다.
오늘도 또 가슴 뛰는 일들이 나를 기다릴 것이라는 생각이다.
나를 끌고 어디로 갈 것인지….
바람처럼 왔다가 바람처럼 가버리는 생이지만
제 스스로 일군 텃밭에서 알맞은 소출을 기대한다.
동녘에 떠오르는 찬란한 태양을 차지하기 위해
어둠을 뚫고 산을 올라야겠다.
산새들도 물소리도
이름 모를 들꽃도 심지어 바위까지도 나를 기다리고 있을 테니까.
그래서 삶은 감사이며 환희이다.
이 순간은 다시는 돌아오지 않는다. 어찌 기쁨이 아닐쏜가.
내가 본 적도 없는 신의 은총이 있었기에
나는 이렇게 행복한 아침을 또 맞는다.

-작가의 말

## 바람의 아침
  -목격

지난번 산사태에 떠밀려온 산나리가
도랑 한 켠 난민촌에 흙 한 줌 움켜쥐고
부러진 허리를 세워 아침 햇볕 쬐고 있다.

온갖 잡쓰레기 수북이 쌓인 곳에
비닐 넝마 한쪽 얹어 성역처럼 둘러치고
생존이 무엇인지를 묵언으로 외쳐댄다.

## 폭우


암울한 회색 깃발 하늘 가득 드리우고
한 무더기 반란군이 새카맣게 몰려온다.
온 세상 갈아엎을 듯 물 폭탄을 터뜨리며.

불꽃이 튈 때마다 허공 찢는 비명 소리
뿌리 드러낸 잡초 땅바닥에 널브러져
불에 탄 고목을 보며 사육신을 생각한다.

막 내린 유혈사태 황량한 산자락에
명분 없는 반정은 실패로 끝을 맺고
가슴이 무너진 바위만 도랑가에 나앉았다.

## 바위를 보며

안으로 굳은 광채
억겁을 사려 담아

무상을 되새기며 고요로 앉았지만

어느 날 한 송이 꽃으로 바람결에 오겠지.

## 포장마차



잡초 같은 목숨들이 팔다 남은 일상들을
희미한 전등 아래 떨이로 내다 놓고
술잔에 파도를 담는다, 이슥한 밤 될 때까지.

고달픈 일상사는 아귀가 맞지 않고
아무리 되씹어도 찾지 못할 실마리다.
소주에 푹 절은 풀잎 백열등에 젖어가고.

## 길상사에서

털어낸 소유들이 경내에 가득하고
추녀 끝 풍경소리는 청렴을 우려내고
돌 틈새 터 잡은 야생화 향기마저 간소하다.

'놓아라!' 하신 말씀 그 뜻을 못 새겨서
더 쥐겠다는 욕심으로 가는 임 앞을 막고
무소유 판권을 달라며 중생들이 떼를 쓴다.

## 구제역 돌던 날
  -구제역


감도는 살기마저 육감으로 꿰는 걸까
눈물 섞어 주는 밥을 멀거니 바라보며
하고픈 말 한마디를 꿀꺽꿀꺽 삼킨다.

며칠 전 갓 태어난 젖먹이 목숨까지
순교를 강요하는 문명이 야속하다.
큰 삽 든 포크레인도 통곡으로 땅을 파고.

# 뻥튀기

교활한 손놀림에
염색된 언어들로

뭇 사내 호려대는 노기(老妓)의 미소처럼

사르르
혀에 녹아도 그 뒷맛이 깔깔하다.

## 야망의 계절


야망을 끌어안고
바람 맞선 늦 장미는

무대를 못 떠나고 한 계절을 뒤흔들며

투명한
사기를 친다, 야바위꾼 못지않게.

## 소금

때로는 울분으로 때로는 침묵으로

억겁을 수행하고
열반에 드셨는가.

이 세상 부패 막으려 사리가 된 바다여.

## 은퇴

마모된 등줄기에 등창이 생기도록
세상을 누비면서 수 없이 구르던 삶
지금은
할 일이 없어 카센터에 졸고 있다.

어깨를 짓누르는 십자가를 짊어지고
옆 차에 뒤질세라 달려온 폐타이어
지나온 삶의 궤적이 저녁놀에 젖는다.

# 향수

흐벅진 봄을 웃다
들장미가 떠나가면

철쭉 같은 두견의 눈물 골골마다 사태져서

개구리
통곡을 했네, 온 동네가 귀먹도록.

## 가을

여름 내내 달인 물감
잎잎이 칠해가며

따끈한 가을볕에 왼 종일 내 말리면

피카소
입체화 한 폭이 관악산에 내걸린다.

독거노인 · 2


온기 한 점 없이
어둠만 쌓인 공간

외로움 가득 안고
고독이 찾아오면

바람은 실없이 와서
문풍지나 울린다.

## 가랑잎

한뉘를 살고서도
겨울새가 되지 못해

미련을 못 버린 듯
가지 끝을 휘어잡고

빈 하늘 휘젓고 있다, 겨울 숲에 홀로 남아.

## 어버이날에 · 2

오늘은 어버이날
불효를 달래려고

카네이션 꽃을 사서
계신 곳 찾았더니

편지를
쓰고 계셨나
붓꽃 끝이 촉촉하다.

## 신륵사의 밤 · 2

무수한 별빛들이
여강에 빠진 그믐

법고로 앉은 소가 몸으로 밤을 울면

스님도
잠 못 이루어 황촉 불을 다시 켠다.

## 들꽃 얘기

한 발짝 다가서서 네 모습 바라본다.
잎은 비록 벌레 먹어 궁색하게 보이지만
담아낸 작은 꽃 속엔 하늘 뜻을 품고 있다.

한 발짝 물러나면 네가 나를 바라본다.
겉보긴 화려해도 향기가 말라 있어
외줄에 내맡긴 삶이 광대놀이 닮았단다.

### 요덕스토리를 보고

골고타 언덕에서 피땀으로 범벅된 채
십자가에 매달리신 주님을 바라보라
까마귀 우는 골짝에 눈물 마른 목석들아.

가시철망 둘러치고 도살장 만든 골에
비탄과 신음소리 지옥의 찬가더냐
짐승만 못한 삶들은 피눈물을 쏟는데.

## 바위 절벽의 소나무

천길 바위 절벽 외줄 타는 광대처럼
한 발 걸어 넣고 아슬하게 살지마는
청빈만 먹고 살아서 푸른빛이 더하다.

벼랑 끝에 내몰리어 비꼬이고 뒤틀려도
안고 가는 절박한 삶 하늘의 뜻이기에
벼락도 차마 못 꺾는다, 사철 푸른 지절을.

## 철없는 장미

화려한 수사학으로
삿됨을 변명하려

가시를 숨겨 놓은
그 속셈이 치졸하다.

하찮은 풀꽃일망정
어찌 너만 못하겠나.

## 가을이 쓰는 편지

노크도 하지 않고
초인종도 안 누르고

누군가 현관문을
자꾸만 흔들어서

빠끔히
문 열어보니 바람 혼자 왔다가네.

달빛을 묻혀 썼나
옥소리를 녹여 썼나

가을이 써 내려간
색깔 고운 엽서 한 장

문 틈새 살짝 끼우고 옆집 담을 기웃대네.

## 정원(庭園) 솔(松)

후미진 어느 골짝 대대로 살던 절(節)이
칠흑의 도심에서 신열로 밤을 새며
수척한 몸을 추슬러 지지대를 잡고 섰다.

흐르는 촛농처럼 상처마다 맺힌 눈물
실의에 젖은 솔잎 떨어져 허허한데
바람은 실없이 와서 빈 가지를 흔든다.

푸른 피 도는 절은 누구도 꺾지 못해
옹이로 덧난 세월 나이테로 감싸 안고
긴 한삼(汗衫) 허공에 뿌리듯 아린 넋을 달랜다.

## 성냥개비

하늘을 품고 있는 뜨거운 가슴마다

어둠을 내치라는
사명을 받은 터라

단 한 번
제 몸을 살라 천둥 치듯 살고 간다.

## 세한도

사제간 애틋한 정
촛농으로 녹아내려

얼룩진 한 자 한 자
한지에 담노라면

노송도 주인을 닮아 예서체로 밤을 쓴다.

## 증언

산새도 난을 피해
떠나버린 우면산에

무너진 생을 쥔 채
산나리는 목이 메고

계곡에 나앉은 바위는 실어증을 앓는다.


*2011년 7월 우면산 산사태로 많은 목숨을 잃었다.

## 기적
 -dmz평화공원


시간도 멈춰 있는 사지(死地)의 디엠지에

지뢰를 거둬내고
꽃씨를 뿌리려나

서울발 특급열차에 대박 꿈을 싣고 있다

## 요지경(瑤池鏡)

암흑이 짙을수록 별빛은 찬란하다.
어린애 병정놀인가, 떼었다가 붙였다가
사각(寫角)에 갇힌 목숨이 치를 떠는 설국이여.

이교도 성전(聖戰)처럼 광분하는 눈빛에서
서러운 짐승 같은 울음을 발견한다.
억지로 짜내는 눈물로 제 명줄을 늘여간다.

## 지하철에서

애절한 노랫가락 모자로 받쳐 들고
묶음표 밖에 사는 아픔이 들어서면
지긋이 눈감은 어른 주머니로 손이 간다.

찢어진 반바지는 이어폰 귀에 꽂고
핸드폰 두들기며 화성인 찾고 있다.
냉방기 싸늘한 바람에 가슴마저 식은 그들.

## 원숭이 연극

바람의 뼈를 쥐고 열연하던 원숭이가
헛발을 내디디며 황엽처럼 떨어진다.
세 번째 막이 오르며 깔려 있는 칠흑의 밤.

피바람 몰아치는 왕조의 깊은 겨울
벌겋게 물든 땅을 하늘도 차마 못 봐
흰 눈을 펄펄 내려서 그 현장을 덮고 있다.

억지로 짜는 눈물 명줄이 달려 있고
털 고르는 일상사에 밥줄이 걸려 있다.
울릴 듯 울리지 않는다, 막장 치는 종소리.

## 가창오리 항변

가창이건 청둥이건 계파는 물론이고
먹을 게 있다면야 민물 짠물 가리겠나
절(節) 없는 철새라 하여 손가락질 받더라도.

'병균의 진원지가 나와는 상관없다.
문명의 덫에 걸린 우리도 피해자다.'
엉뚱한 궤변을 들고 시위하는 무리들.

## 마애불
 -여주시 계신리 부처바위



억년을 침묵하며
물소리에 귀를 닦다

살점을 뜯어내는 정 소리를 문득 듣고

살포시 미소 머금어
꿈결처럼 오시다.

## 통일전망대의 봄

오두산 오른 봄이
북풍에 가로막혀
임진강을 못 건너고 가슴만 펑펑 친다.
사계절 숨죽인 땅에도 움은 트고 있을까.

보리수 가지 아래
봄꽃은 또 피어도
망원경 속 사는 세상 아직도 겨울이다.
언제쯤 강을 건너가 꽃모종을 하려나.

## 국립묘지에서

빛바랜 사진 한 장
품에서 꺼내 들고

이 세상 떠나면서
어머니를 바라보다

병사는 눈도 못 감고 여기 와서 누워 있다.


그 아들 그리워서
비문이 다 닳도록

눈물로 닦고 닦아
불러보는 이름 석 자

오늘도 자릴 못 뜨고 산비둘기 통곡하네.

## 수종사에서

이우는 가을 햇살
수종사로 내려서면

단풍 색 고운 절에 스님은 보이지 않고

부처만 홀로 앉아서 참배객을 맞는다.

## 부칠 수 없는 편지

몇 날을 다시 쓰고 또다시 이어 쓰며
가득한 그리움을
채곡채곡 담아 놓고
남풍을 기다렸다가 소지처럼 날린다.

약산의 진달래는 굽이마다 또 붉은데
아버지 유품 곁을 못 떠나는 편지 한 장
아직도 별이 못 된 채 어두운 밤 지킨다.

## 유달산

저 멀리 가물대는
높고 낮은 섬들마다

파도에 쓸려가다
맺혀버린 눈물인가

절절한 난영의 노래 유달산을 적신다.


삼학도 끼고 도는
목이 쉰 뱃고동은

가신 임 못 잊어서 저토록 울고 있나

황금빛 석양이 물든 아름다운 바다에서.

## 제5부 바람의 노래

자의든 타의든 밝은 곳, 어두운 곳을 밟아야 하고 평탄한 여정뿐 아니라 가파르고 험난한 고비도 넘기면서 생로병사의 길을 가야만 하는 것이 타고난 인간의 숙명이지만 그 굴곡진 도정(道程)을 밟아가는 과정이 다르듯이 삶의 모습과 사고방식도 개성에 따라 다를 수밖에 없는 것이다.
시냇물이 흘러가는 소리도 듣는 이의 심상에 따라 다르게 들린다. 슬픈 사람은 흐느끼는 소리로, 기쁜 사람은 노래 소리로 듣는다. 소리뿐 아니라 자연현상을 보는 관점도 보는 이의 심상이나 감정에 따라 다르게 유추한다. 따라서 이 "바람의 노래"는 김 시인의 분신이나 다름이 없으며, 여기에는 창작 주체의 혼이 다 배어 있다고 해도 과언이 아닐 것이다.

- 평설 중에서-

## 바람의 노래

사십 년 훌쩍 지나 다시 찾은 고향 마을
훈장처럼 달고 나온 친구의 검버섯이
농익은 생애를 담은 듯 유난히도 반짝인다.

늙은 애들 둘러앉아 시든 꽃을 되 피우려
술잔을 가득 채워 옛길로 접어들면
저만치 보릿고개가 손짓하며 웃고 있다.

제집처럼 드나들던 바람의 길목에서
봄바람 쫓아갔던 순이의 눈웃음이
한 송이 들꽃이 되어 풀잎 뒤에 숨어 있다.

분재

사지는 옭매이고 등뼈는 분질러지고
발까지 잘려나가 기형이 되었어도
눈만은 봄을 머금어 실핏줄이 돋는다.

창공을 다 품어도 모자랄 몸뚱인데
예술의 덫에 걸려 꼼짝달싹 못한 생은
속마저 죄다 썩어서 등가죽만 남았는가.

## 혈육
  -이산가족 상봉을 보며


뻥 뚫린 그 가슴속 여백을 메우려고
찢어진 삶의 조각 퍼즐을 맞추듯이
빛바랜 사진 한 장에서 실마리를 찾고 있다.

심장에 박힌 옹이 제 살처럼 간직하고
구겨진 생을 쥔 채 하 세월 보냈어도
핏줄을 나눈 혈육이 제살붙이 몰라볼까.

원망은 서리 녹듯 한순간에 무너지면
뜨거운 천륜의 정 옷깃에 배어들어
이념도 막을 수 없이 피눈물로 사태진다.

## 쥐불놀이

진달래 피던 자락
불꽃놀이 신난 애들

지르밟던 꽃길에서
폭죽놀이 정신없다.

아서라, 섣부른 장난에 온 동네를 다 태울라.

## 영변의 봄


악동의 불장난에
다 타버린 영변 약산
해마다 봄은 와도
피지 않던 진달래가
금년 봄
뻐꾸기 울면
파란 싹이 돋나 했지.

반세기 일군 옥답
한순간 잿더미 될까
북풍이 불 때마다
가슴 조인 지난 세월
동토에
내리던 봄비
그 어느새 또 그쳤네.

## 진달래

짝 잃은 산비둘기
상사병을 토하던 날

진달래 하루 종일
봄 햇살 끌어안고

첫사랑 나눈 흔적이 가지마다 빨갛다.

## 덕주사에서


절간 산바람이
계곡물로 내려와서

스님의 독경 소리 풀고 있는 정오 무렵

월악은
거꾸로 서서 도솔천에 머문다.


청산에 홀딱 반해
물에 빠진 낮달마저

물살에 휩쓸리다 돌 틈에 걸려들면

천진한
아기 송사리가 떼를 지어 구경 온다.

## 담쟁이

울안 그 여인에
한눈에 홀딱 반해

손끝이 까지도록 담장을 기어올라

남몰래
훔쳐보다가 그만 들켜 빨갛다.

## 오월

사월 황사 바람 시야조차 흐리더니
잎새에 묻은 먼지 단아하게 닦아 놓고
창포수(菖蒲水) 감은 머릿결처럼 반짝이며 앉아 있다.

지난날 아픔까지 녹여서 꽃을 피워
가슴에 곱게 꽂은 청초한 봄나들이
청옥색 치맛자락을 살짝 여민 여인이다.

온갖 꽃들마저 고운 향 뿜어내면
가지마다 내어 걸린 산새의 고운 노래
가냘픈 여인의 손가락에 비색으로 앉는다.

## 참 숯

뜨겁게 태운 열정 못다 이룬 푸른 꿈이
수천도 불 속에서 허상을 다 태우고
한 덩이 참숯이 되어 순금 빛을 품는다.

그 한 몸 송두리째 새카맣게 탔을망정
영혼은 죽지 않고 가슴에 살아남아
마지막 생을 빛내려 부활하는 육신이다.

## 부채

대 숲에 이는 바람
난향을 실어 오면

노송에 앉은 학이 천년 꿈 벗어나서

하늘을 비상하려나, 그 자세를 가다듬네.

## 폐선

만선의 꿈을 안고 대해를 누볐었다.

풍상에 빛이 바랜
낡아빠진 폐선 한 척

갈라진
갯벌에 누워 항해일지만 뒤적인다.

## 철새 도래지

벌써 몇 마리가 너섬에 나타났다.
배반의 흑장미가 피는 계절 왔나 보다.
올가을 여의도 벌은 북새통을 이루겠다.

철새들 세 싸움에 아수라장 될 터인데
괜스레 굴뚝새는 밤섬을 기웃대고
한쪽 발 감춘 왜가리 백로 흉내 내고 섰다.

## 간 고등어

청해에 살던 몸이 난장판에 올라오니
속상한 일 너무 많아 간 쓸개 다 빼놓고
행여나 절(節)이 꺾일까 왕소금을 품는다.

태평양 맑은 물에 청렴을 길렀으니
잡어들 썩는 냄새 어물전에 가득해도
그 홀로 좌판에 누워 푸른빛을 지킨다.

## 미륵사지에서


바람도 숲을 떠난
고목의 곁가지에

매미가 벗어 놓은 육신의 빈껍데기

윤회로 들꽃이 되었나,
사유의 공간에서.

## 사모

장독대 옹기 항아리
투박스레 생겼어도

정담아 곰삭힌 장맛
찬 가운데 으뜸이다.

어머니
거친 손마디 그렇게도 따습더니.

## 고택에서


청빈을 먹고 살던 고택의 저 감나무
삼동 폭설 속에 온종일 떨고 섰다.
그 누굴 찾고 있기에 대낮에도 등불 켰나.

떫은 속 삭혀내어 연시를 만들 듯이
원한도 곰삭히면 응어리가 녹아날까
내 속도 까치밥처럼 농익었으면 좋겠네.

## 어느 가을 날

왕매미 떠난 숲을 바람 혼자 쏘다니고
나뭇잎 하나둘씩 가을 편지 쓰는 시간
산 아래 세상 소리는 요란하기 그지없다.

가진 것 다 버리는 나무를 바라보며
늦 매미 우는 뜻을 낙엽에 새겨 보며
끝내는 빈손으로 갈 어느 날을 생각한다.

## 한파

대낮에 날벼락 맞듯 기습 한파 덮친 강산
새우 등 터지는 소리 수산시장 가득한데
여의 벌 이는 흙바람 한 줌 햇살 막고 섰다.

계백과 관창도 기가 막힐 여의 사투
무고한 민초들을 무참히 밟고 서서
전기톱 들이대고서 애간장을 자른다.

## 창의사에서


운곡에 사는 절(節)은
대보다 더 푸르다.

출세도 재물까지 뜬구름에 던져두고

세월을
벗 삼는 풀피리 곤룡포가 안 부럽다.

# 욕심 · 2

바람은 새벽부터
조간을 뒤적인다.

관(冠) 하나 얻으려는 비열한 짓거리에

영천에
허유(許由)와 소부(巢父) 혀를 차는 아침이다.

# 간교(奸巧)
## -선거 유세

뻔뻔한 몰염치가 눈 가리고 '아옹'한다.

마술사 뺨을 치는 속임수의 완성이다.

길거리 야바위꾼들 손놀림도 저렇겠지.

## 반구정에서


주인 없는 반구정에
바람 홀로 객을 맞고

바다의 흰 갈매기
목메게 울어대며

코앞에
송악을 불러 고향 소식 묻는다.

# 매미

굼벵이란 모멸쯤은 흙 속에 묻어 놓고

득음을 하기 위한
인고의 세월 넘어

첫 새벽 부활의 환히
봇물처럼 터진다.


폭포처럼 쏟아붓는 고독의 찬미가는

허공을 가득 채운
자유의 기치던가,

한여름 떠메고 가는 숲속의 저 반란은.

# 낙조

누군가, 저 수천(水天)에
큰 불을 지른 이는

온 하늘 다 태울 듯 휘황한 오색 불꽃

마침내
불새가 되어 수평선을 넘어간다.

## 신발 단상


돌부리에 걷어채고 가시에 살 뚫려도
투정 한 번 안 부리고
온갖 곳 다 다니며
한 생을 몽땅 바치는 그 희생이 눈물겹다.

전생에 인연으로 이승에서 나를 만나
언제나 다소곳이
자세를 바로 하고
두 귀를 종긋 세운 채 내 발소리 찾는다.

등창이 날 정도로 수없이 돌아쳐서
땀 냄새 찌든 삶이
켜켜이 쌓였어도
살 가운 어머니 품처럼 가장 편한 안식처다.

꼴뚜기


은갈치 금 도미가
줄지어 누운 자리

한쪽 귀퉁이에 좌판 하나 얻어 깔고

장마다
푸른 꿈에 젖어 저 자신을 잊는다.

## 청문회와 기상 특보


날벼락 때릴 듯한
여의도 마른번개

핵 없는 태풍처럼 변죽만 치고 간다.

법석에
난리 피는 꼴 온다던 비 안 오겠다.

# 가짜

애국을 앞장세워
혈서 쓰던 이념들은

제 혈육 주검 앞엔
촛불조차 안 밝힌다.

첫 새벽
살인 현장을 외면하는 비굴이다.

바위


태풍이 몰아쳐도
벼락이 내리쳐도

한 번 굳힌 마음
쉽사리 변할 리야

애당초
변할 맘이면 눈비 맞고 살겠는가.

## 요즘 철새

변덕스런 날씨 탓에
원죄를 짊어지고

금단의 벽을 만나
고민에 빠진 철새

다시는 날 수 없을까 불면증에 시달린다.

꽃집에서


행복
한 다발을 덤으로 준다기에

아내가 좋아하는
흑장미를 골랐더니

어느새 예쁜 미소가 나비처럼 앉아 있네.

# 무명초

양지쪽 귀퉁이에 간신히 터를 얻어
가난에 시달리며 피워낸 한 송이 꽃
찰나를 살다 갔는지 흔적조차 못 찾겠네.

이름도 받지 못해 잡풀이라 불리면서
누구도 기억 않는 가련한 봄풀이여
너 홀로 꿈꾸던 자리를 개망초가 차지했네.

눈길 한 번 받지 못한 하찮은 삶이지만
하늘의 뜻을 따라 책임을 다했으니
해마다 부활하리라, 봄 햇살이 찾는 날은.

## 청죽(靑竹)


대나무 속을 비워
청빈만 채웠으니

거기 노는 바람마저 파란 물 들어 있어

행여나
청렴이 묻을까 잡새들은 못 앉는다.

# 김장하기

손끝으로 물감 찍어
백옥 같은 속살에다

가시 꽃 향을 쳐서
정성껏 다독이면

겨우내
사랑이 익는다, 가슴 뻐갠 석류같이.

## 제6부 바람의 시간

「논어」를 보면 "仁者樂山 知者樂水"라는 말이 나온다. 전자는 어진 사람은 천명을 좇고 욕심에 움직이지 않는 고요한 마음이 흡사 산과 같아서 자연 산을 좋아한다는 뜻이다. 후자는 지자는 사리에 통달하여 정체함이 없는 것이 마치 물이 자유로 흐르는 것과 흡사하므로 물과 친하여 물을 좋아한다는 것이다.
"인자요산"이라는 말이 있듯이 김 시인은 산을 좋아한다. 산은 어떤 일이 있어도 화내지 않는다. 누구를 원망하지도 않는다. 욕심을 부리는 일도 없다. 속이지도 않는다. 남의 것을 빼앗지도 않는다. 남을 괴롭히지도 않는다. 저 잘났다고 우쭐대지도 않는다. 남을 업신여기거나 모욕하지도 않는다. 오히려 아름답고 믿음직스럽고 베풀고 포용하고 바르고 말이 없고 천년 신비를 간직하였다. 그러니 산을 좋아한다는 것은 산의 이러한 특성을 좋아한다는 의미이고, 그 산을 작품의 제재로 삼은 것은 산과 같은 시인이 되고 싶다는 것을 은연중에 나타낸 것이라 보아야 한다.

- 평설 중에서

## 바람의 시간
### -고장 난 시계

한때는 명품으로 세상 이목 끌었지만
숨통을 죄어오는 전염병 돌던 계절
떨어진 날벼락 맞고 숨이 멎은 내 시계여.

오염된 환경 속에 파묻혀 있을망정
명품의 참가치는 녹슬지 않는 거다.
아무도 거들떠보지 않아 서랍 속에 갇혔어도.

## 백담사의 가을

백담사 가을빛이 골마다 붉게 타고
만해의 고운 숨결 뜰 안에 가득한데
부처님 잔잔한 미소 바람결에 실려라

청량한 가을바람 단풍잎을 물들이고
굽이굽이 계곡물은 속세를 멀리하니
무심코 옷깃 여미어 합장하고 서 있다.

용마루 넘던 구름 조는 듯 걸려 있고
이끼 낀 기왓장은 옛 모습 새로운데
큰 스님 독경 소리가 가는 길을 밝혀준다.

## 용문사에서

이 땅의 애환들을 제 키만큼 쌓아 놓고
용문사 은행나무가 부처님께 빌고 있다.
경내를 배회하던 바람 발소리를 죽인다.

운해처럼 모여든 수많은 중생들이
오가며 던져놓은 마음의 돌무더기
무게에 짓눌린 부처 땀을 뻘뻘 흘리신다.

진리의 말씀들을 연등에 달아놓고
무상으로 가져가라 수 없이 일렀건만
욕심에 눈먼 사람들 백팔번뇌만 골라진다.

## 신륵사에서 · 1

신륵사 강 벼루에 강월헌은 아슬한데
봄바람 탑을 돌며 말씀 듣는 아침나절
햇살은 비문을 더듬어 말씀들을 탁본한다.

바람까지 숨을 죽인 극락전 뜨락 아래
비우려는 마음인지 채우려는 마음인지
향 살라 합장한 속내가 촛농으로 녹는다.

## 무상

백담사 깊은 골에 설한풍은 살을 에고
햇살조차 외면하던 허름한 단칸방에
남루한 솜옷 한 벌이 홀로 법문 듣는다.

세풍에 표류하는 일엽편주 될 줄이야
세상의 손가락질에 난자된 이름 석 자
잎 떨군 목련 가지에 애처롭게 떨고 있다.

꽃피던 좋은 시절 백주의 꿈이던가
고요한 산사에서 흐느끼는 사랑 앞에
찢어진 장부의 가슴도 빈 가지에 걸렸으리.

백담도 모자란다, 부질없는 중생 욕심
깊은 밤 풍경 소리 덧없는 인생사에
애끓는 고승의 심정 촛농처럼 녹는다.

## 낫

새파랗게 날을 세워
천하를 호령하며

잡초를 살육하던
그 기개 어디 가고

헛간에 홀로 갇혀서 하루하루 슬어가나.

## 어머니 · 1
### -밥을 먹다가

분 냄새 나지 않는
엉겅퀴 손끝에서

우려낸 고운 향이 소반에서 피었지만

오늘은
자리가 비어 그 옛 맛이 나지 않네.

## 충주호에서

송계수는 산이 높아
굽이굽이 돌아가고

월악은 물이 깊어 호반에 멈췄는가.

물속엔
하얀 낮달이 꿈결처럼 내달린다.

## 욕심

눈만 뜨면 싸움이네, 왕산에 까막까치

나뭇가지 하나이면
평생 쓰고 남을 일을

온 산이 제 갈 곳인데 영역 다툼 왜 하는가.

## 충렬사에서
 -용인 정몽주 사당에서

청죽이 죽은 자리
잡초만 무성하고

인왕루 용비어천가
날 새는 줄 모르는데

충렬사 하얀 구절초 서릿발에 더 푸르다.

## 청계산 철쭉

청계 골 산철쭉은
빛깔 고운 시를 쓰고

숲속에선 산새들이 시 낭송을 하는 오후

낮달도
풍류에 취해 제 갈 길을 잊는다.

## 호접난

창가에 따순 햇살
겨우내 머물러도

새초롬 토라져서
모른 척하던 네가

봄 온 줄
어이 알고서 꽃대궁을 쏙 내미나.

옥색 치마 곱게 입고 애태우던 임 소식에
살포시 눈을 뜨고 고운 미소 짓던 호접
나빈 듯 군무를 이뤄 봄 축제를 벌인다.

대나무


청렴도 모자라서
마음마저 비워 놓고

선비네 지절같이 마디마디 뜻을 새겨

결단코 꺾이지 않는다, 모진 바람 몰아쳐도.

## 우면산의 8월

찌는 듯한 삼복더위 우면산도 지쳐 있고
님 찾는 산비둘기 목이 잔뜩 쉬었는데
약수터 오르던 바람은 더위 먹고 누워 있다.

대성사 부처님도 피서를 떠나셨는지
불전 찾은 길고양이 주인인 양 누워 있고
촛농도 고요를 태우다 홀로 잠이 들어 있다.

먹구름 산을 넘어 소나기를 몰고 오면
판소리를 풀어내는 계곡의 찬미가에
온 산이 들썩거린다, 풀꽃마저 춤을 춘다.

## 어버이날에 · 1

오늘은 어버이날
그리움 밀물 되어

활짝 핀 영산홍을 눈물 뿌려 심노라니

다정한 어머니 음성 바람결에 들려라.

## 어머니 · 2

호미로 정성 들여
산소에 풀을 뽑고

술 한 잔 부어 올려 큰절로 문안할 제

솔숲에 앉은 뻐꾸기 반나절을 울고 간다.

## 동백

설한풍의 모진 아픔 겨우내 삭이더니
입춘이 오기도 전에 터지고 말았구나.
하얀 눈 뒤집어쓴 채 얼굴 붉힌 여인이여!

첫사랑 가슴앓이 꼬박 새운 긴긴밤을
눈 속에 묻어두고 봄 오기를 기다리다
더 이상 참지 못하고 울어버린 고백이다.

## 노옹의 얼굴

고목이 사시사철 풍상을 겪어내듯
세월이 저벅저벅 걸어간 자리마다
살아온 희로애락이 굽이굽이 서려 있다.

꽃도 피고 지면 열매가 무르익듯
인생의 황혼 길을 함께한 훈장인가
잔주름 짙은 얼굴엔 삶의 지혜 가득하다.

잡아도 가는 세월 막아도 오는 세월
살아온 무게만큼 그려 온 자화상에
해탈한 반가사유상이 시공간을 비껴간다.

## 절두산


양화나루 언덕에서 망나니가 춤을 출 때
한강은 숨이 멎고 하늘도 눈 감았으리.
곱게 핀 하얀 무궁화 증언하듯 벌겋다.

거룩한 신앙 앞에 제물로 바친 목숨
님 향한 그 사랑을 칼인들 막을 건가
석양에 선명한 핏빛 절두산의 강물이여.

## 염원

남풍아 몰아쳐라, 쉬지 말고 몰아쳐라
남산 꽃바람아, 북녘으로 치달아라.
올봄엔 약산 진달래가 마법에서 풀리도록.

북한산 인수봉에 걸려 있는 남풍까지
단비를 가득 싣고 북으로 올라가라,
산하에 피맺힌 응어리 말끔하게 씻기도록.

## 잡풀

꺾이고 짓밟히고
온몸이 해지도록

꽃 필 날 기다리는 막연한 희망으로

잡초는
죽음을 물고 피눈물을 삼킨다.

계산법

여름철 나무숲엔
온갖 잡새 다 꾀더니

잎 떨어진 겨울철엔 텃새조차 외면한다.

하기야
시류 따르는 게 세상 이치 아니던가.

## 사인암에서

오백 년 소나무는 아직도 푸르르고
남조천도 굽이 돌며 사인암을 못 떠난다.
시문을 즐기던 사인 숨소리가 들린다.

바람으로 붓을 삼고 물소리로 먹을 갈아
암벽에 새긴 글씨 비천할 듯 꿈틀대니
묵객은 혼이 나간 듯 떠날 줄을 모른다.

## 향일암(向日庵)

수천 길 절벽 위에
아슬한 향일암이

고해바다 바라보다
열반에 들었는가

불전에 흐르는 고요가
안개비에 젖는다.

## 겨울 진달래

때아닌 봄바람에
상사병이 도졌는가.

깊은 밤 가슴앓이 가지마다 열꽃 되어

봄까지
기다리지 못해
숨 막히듯 터진다.

## 고달사지에서

사바의 백팔번뇌
잠재우던 고달사에

한바탕 꿈을 꾼 듯
나뒹구는 석불대좌

풀벌레 우는 소리를 천년이나 듣고 있다.


*고달사지: 여주시 북내면 상교리에 있는 통일신라 시대 절터. 사적 382호

## 갈대

마음을 비워내면
너처럼 가벼울까

욕심을 닦아내면
너처럼 희게 될까

진실한 사랑을 하면
너처럼 그리울까.

## 명퇴하던 날

느닷없이 아침 뺏긴 우면산 산새들은
먼동이 다가와도 날아갈 곳 전혀 없다.
폭설에 웅크린 죽지 기력조차 소진한 듯.

어제와 다름없이 햇살은 밝아 와도
오늘은 날 데가 없다, 하늘이 내려와서.
암울한 우면산 숲에 어둠만이 차오른다.

눈먼 아침 계속되는 우면산의 한겨울에
충정(忠正)의 죄를 물어 쫓겨 난 숲속에서
허기진 아침을 달래며 비둘기는 서럽다.

## 유감(遺憾)

눈치만 먹고 자란 어둠 속 잡초들이
비 오자 깃발 들고
벌떼처럼 몰려나와
무참히 짓밟고 있네, 애써 가꾼 텃밭을.

만발한 잡풀들이 꽃 천지를 이룬 날도
치솟는 땅값 보며 싱글벙글 웃는 주인
말귀를 못 알아들어 부끄럼은 없겠다.

## 한글

어둠이 깔린 곳에
한 줄기 빛을 풀어

생긴 모습 그대로
소리를 담는 현자

까막눈(文盲)
그 품에 들어 기적같이 눈을 뜬다.

## 행운목

며칠째 창가에서
햇살을 품고 앉아

적요를 둘러치고
산고를 치르더니

마침내 꽃 순이 낳았네, 온 집안이 화사하다.

## 가을 스케치


은행잎 떨어지는
벤치에 걸터앉아

가을을 담으려고
화판을 펼친 순간

한 무리 노랑나비가 창공으로 날아간다.

## 스님과 모기


칠흑을 뚫고 와서
사랑을 노래하듯

귓가를 뱅뱅 돌며
입맞춤을 재촉하면

부처님
웃고 계시네, 스님 고뇌 읽으시고.

■ 김흥열 연보

1945.9.7.   강원도 원주시 귀래면 용암리308번지(신촌)에서 출생
          父(부) 김평국(金平國), 모 김상아(金尙兒)의 3남1녀 중 막내
1947.2.21.  부친 사망
1947.3.17.  경기도 여주군 흥천면 문장리147번지 이사
-학력; 문장 초등, 이포 중, 이천 고, 고대
1974.3.2.   (전)한일은행 입사
1982.10-12  미국 연수(외국환 연수)
1988.7.20.  한일은행 퇴사(차장)
1988.7.21.  신한은행 입사(차장)
1995.7.    수필집 <꼭두새벽> 출간
1999.10.   첫 시집 <세월의 빈 수레>출간
1999.10.   (사)한국문인협회 가입(조병화 선생 추천)
2001.2.1.   신한은행 퇴사(지점장)
2001.4.    시집 <어제는 꽃비가> 출간
2001.11.22. 모친 사망
2001.5.    허균문학상 수상
2002.9.    수필집 <어머니의 종교> 출간
2003.8.    시조 등단(시조문학; 작품; "백담사의 가을")
2004.2.1.   여주문화원 부원장 취임
2005.10.   첫 시조집<고장 난 시계> 출간
2005.12.   서초문학상
2009.12.   시조집<바람의 노래>출간
2010.8.    정운엽 시조문학상

| | |
|---|---|
| 2011.10. | 시조집 <행복한 아침> 출간 |
| 2012.4. | 한국시조사랑운동본부 초대 사무총장 취임 |
| 2013.12. | 류주현 문학상(시조부문) 수상 |
| 2014.8.1. | 제7집 <쉼표의 유혹>출판(한국문화사) |
| 2015.6.30. | 창작이론 <정형의 매력>출판(도서출판 조은) |
| 2016.10.4. | 송파여성문화회관 시조교실 개설 |
| 2016.11.17. | "시조의 형식 발표" (국회도서관) |
| 2016.12.15. | 사)한국시조협회 문학대상 |
| 2017.7.15. | 창작이론 <현대시조 연구>출판 (한국문화사) |
| 2017.11.17. | 제4대 이사장 당선(당선 증 교부받음) |
| 2018.2.23. | (사)한국시조협회 제4대 이사장 취임 |
| 2018.4. | 수안보 문학대상 |
| 2018.5.15. | <방하에 피는 들꽃> 출판 |
| 2018.5.17. | 고성지부 시조 특강 및 백일장 참석 |
| 2018.6.8. | 충주지부 시조 특강; 순회 교육 시작 |
| 2018.7.18. | 경기도 교장 협의회와 협약 체결 |
| 2018.10. | 한국문인협회 서울시문학상 |
| 2019.2.14. | <시조헌장비>협의차 보령 방문; 김유제 |
| 2019.2.22. | 시조헌장비문 및 윤리강령 제정. ≪시조사랑≫ 계간지로 전환. |
| 2019.3.9. | 문형문화재 특강; 유네스코 의장 박상미 교수 |
| 2019.3.10. | <우리시조 아름다운 노래> 출간 |
| 2019.3.16. | 청양 지부 설립 |
| 2019.3.20. | 운곡학회와 협약 체결 |
| 2019.4.1. | 시조교육 실시(인터넷) |
| 2019.4.13. | 모상철 문학상 제정 |
| 2019.4.13. | 국가 무형문화재 관련 특강; 박동석 교수 |
| 2019.4.15. | 진주 시조문학관과 협약 체결 |
| 2019.4.29. | <시조 국가무형문화재> 신청; 문화재청 |

2019.5.30. <시조저널>에 협회 작품소개 합의
2019.6.30. 천안 아산지부 설립
2019.7.12. <세종학당> 방문: 시조 수출
2019.7.13. <시조의 날>제정을 위한 특강
2019.8.10. 전북대 함한희 교수 미팅
2019.8.20. 협회 브로셔 발간
2019.9.9. 용인문화원과 협약 체결(시조 백일장)
2019.9.16. 안동시청 방문(전국시조백일장 협의)
2019.10.18-20 다큐멘터리 촬영(진주)
2019.10.20. 보령 <시조헌장 비>제막식(맥캔 웨인 교수 외 각 지부 회원)
2019.11.9. <시조의 가치> 학술토론회 (송파 7분 교수)
2019.12.19. 통영지부 설립 방문
2020.1.4. 대전지부 설립 방문
2020.2.10. 이사장 퇴임, 명예이사장 취임
2020.3.25. <현대시조 창작법> 출간
2020.5. <바람의 얘기들> 시조선집

문인 활동
한국 문인협회 회원
(사)한국시조문학진흥회 회원
신한은행 동우회 글사랑 모임 운영
기타: 국제PEN 한국본부, 현대시인협회 회원. 한국 시조시인협회 회원. 농민문학회, 서초문인협회, 경기시조시인협회, 회원고대 문인협회, 여주문학회 등에서 활동
"한국시조사랑시인협회" 초대 사무총장 역임
(사)한국시조협회 부이사장 역임
(사)한국시조협회 이사장 역임
(사)한국시조협회 명예이사장